家长这样定规矩 孩子才不会抵触

篱落◎著

应急管理出版社

·北　京·

图书在版编目（CIP）数据

家长这样定规矩，孩子才不会抵触/篱落著. -- 北京：应急管理出版社，2019

ISBN 978 - 7 - 5020 - 7636 - 8

Ⅰ.①家… Ⅱ.①篱… Ⅲ.①家庭教育 Ⅳ.①G78

中国版本图书馆 CIP 数据核字（2019）第 149211 号

家长这样定规矩，孩子才不会抵触

著　者	篱　落
责任编辑	高红勤
封面设计	吕佳奇

出版发行　应急管理出版社（北京市朝阳区芍药居 35 号　100029）

电　话　010 - 84657898（总编室）　010 - 84657880（读者服务部）

网　址　www.cciph.com.cn

印　刷　玉田县昊达印刷有限公司

经　销　全国新华书店

开　本　880mm×1230mm$^1/_{32}$　**印张**　6　**字数**　180 千字

版　次　2019 年 8 月第 1 版　2019 年 8 月第 1 次印刷

社内编号　20192198　　　　**定价**　29.80 元

前言
Preface

　　一说到规矩，人们脑海中常常会出现"听话"这个词，这也是长辈对孩子所说的次数最多的一个词语。他们在晒自己的孩子时，通常都会夸孩子乖巧懂事，对父母总是言听计从；而那些调皮、不听话的孩子都会冠以"熊孩子"的称号。"听话"俨然成了好孩子的标准。那么，那些熊孩子一定就是让人讨厌的"坏孩子"，而那些处处顺从的孩子，就一定是各方面都比较优秀的"好孩子"吗？

　　教育专家对此表示，一味听父母话的孩子不一定是"好孩子"，他们只是在成年人的"操纵"下被"成人化"了的缺少童真的孩子，但现代社会并不需要这样的"好孩子"。这样的孩子往往因循守旧，缺乏创新意识和创造能力，仅仅是按照家人的要求或借鉴长辈的生活经验来生活。但是现代社会呼唤创新型人才，这些听话的孩子往往很难在社会上取得一番大的成就。

　　因此，在现代社会，"好孩子"的标准也应该被赋予时代特征的。有人认为，除了具有良好的品德、过人的才智、健康的心理等基本条件之外，"好孩子"还应具有创造精神和创造力、较强的社交能力、鲜明的个性特征以及较灵活的应变能力。

其实，每一个孩子自出生起就是"熊孩子"，他们"为所欲为""肆无忌惮"：进了超市就攥着糖果、零食不松手；一旦玩起来就没完没了，拖都拖不走；半夜了还不肯睡，非要嚷着再看一集动画片；不催着写作业就永远不会写……是的，孩子就是这样任性、这样自我，不是他们不乖，而是还没学会如何去乖。

现实中，在孩子年纪尚幼时，面对着初生婴儿稚嫩的脸庞，胸中怀有一腔初为父母的责任，给了孩子太多的宽容、信任和宠爱。随着孩子一天天长大，一天天有了自己的想法，一天天有了叛逆的苗头，大多数家长在自己实在忍无可忍之后，才会想到如何去教导孩子，如何去立规矩。

如何立规矩，是让家长们头疼的大难题。很多家长目前还是习惯使用强势的姿态、命令的口气，强行给孩子立规矩，让他们"不许这样""不能那样""必须这样"……但是这种"家长独尊"的作风，往往以孩子的抵触情绪强烈而以失败告终。时代在变，家长的教育方式也必须改变。只有与孩子相互理解、相互尊重、平等和谐地相处，才是正确的亲子模式。家长要学会克制自己，不去强求孩子，而是简单地提醒，给孩子一些空间和时间。让孩子心平气和地遵守规矩，才是我们的最终目的。

目 录
Contents

第 *1* 章　**要定规矩，更要会定规矩**

规矩要早立，不要寄望于时间 / 002

让孩子参与制订规则 / 008

规矩定下，就不能轻易更改 / 015

规矩要清楚，传达要明确 / 019

讲规矩，更要讲道理 / 023

合理掌握尺度，宽容严厉都不能少 / 027

讲清不守规矩的后果，让孩子自己选择 / 031

通过游戏来定规矩 / 037

第2章　做好表率，用行动教孩子守规矩

有规矩的爱，才能让孩子更好地成长 / 042

孩子做得好，父母要不吝奖励 / 047

不要做一个"坏榜样" / 053

以身作则，身教比言传更重要 / 057

家长如何做好表率 / 062

父母不守规矩，凭什么要求孩子 / 066

做个好父母，不如做个好老师 / 071

家庭和谐，最能培养出好孩子 / 075

第3章　了解孩子，规矩才能被接纳

充分准备，教育是场持久战 / 080

孩子为何不守规矩 / 086

教育孩子，先要了解孩子 / 090

规矩要适宜孩子的年龄 / 096

孩子不完美，你必须会接纳 / 101

你是否给了孩子足够的关爱 / 105

每个孩子都是独特的 / 111

定规矩要从孩子的角度出发 / 115

第4章 父母好好说，孩子好好做

尊重孩子，与孩子平等对话 / 120

父母要会说话，孩子才会听话 / 125

规矩怎么说，孩子才会听 / 130

讲清楚道理，再让孩子守规矩 / 134

言出必行不唠叨 / 138

控制情绪，不吼不嚷好好说 / 143

给出空间，培养孩子的自主性 / 147

赋予孩子权利，培养责任意识 / 153

第5章 心有大爱，才是大道

引导孩子做一个受人尊敬的人 / 158

懂得分享的孩子才懂得幸福 / 162

奉献原来如此快乐 / 166

儿子，你想得到就得先付出 / 170

关爱弱小，培养爱心 / 174

与人为善，待人真诚 / 178

谦虚谨慎，人见人爱 / 182

第 1 章

要定规矩，更要会定规矩

规矩要早立，不要寄望于时间

孩子不听话、不服管教、站没站相、坐没坐相，一点儿规矩都没有。有人认为孩子还小，无所谓，等他们长大了就会改好。错！常言说："三岁看大，七岁看老。"所以不能因为孩子年龄小就帮他们推脱，而要教导他们，让他们学会为自己做的事承担责任。

学校放暑假，果果的爸爸妈妈因为工作的原因，决定把果果送到外婆家去住一段时间。

没去外婆家之前，果果每次吃饭都规规矩矩地坐在自己的专用小凳子上，但是暑假快结束的时候，爸爸妈妈把果果从外婆家接回来之后，发现果果之前的好习惯都不见了，总是一边吃饭一边看动画片。爸爸妈妈吃完饭要收拾桌子了，果果却吵着闹着还要吃。好几次都这样，果果妈被气坏了，为什么只一个月没管他，好习惯就全没了？

后来，果果妈才知道，在外婆家的时候，每次吃饭，外婆都得哄着果果，他想做什么就做什么，总之不愿意让果果受一点儿委屈。开始的时候，外公还提醒外婆：这样不好。可外婆却说："他还小，知道什么呀，由他去吧。再说，咱们都是入了半截土的人了，还能陪他几年呀。"听了老伴儿的话，外公也就不再坚持了。最后果果就被两位老人宠坏了。

为了扭转果果的不良行为，果果妈加大了对他的引导，要求他必须在规定的时间内吃饭，如果到点没有吃完，就会收拾桌子，不给他留。如果他饿了，就只能饿着。开始的时候，果果也反抗过，后来发现妈妈动真格的，也没了辙，渐渐地就改了过来。

"孩子还小，等他们长大懂事了，再给他们定规矩也不迟。"不少家长存在这种观点，事实证明，给孩子立规矩，越早越好。规矩立得越晚，越容易引起孩子的反感，引发亲子之间的战争。就像案例中的果果，原本吃饭习惯很好，可是由于外婆的这种错误思想，不加以约束和管教，导致果果出现了不良行为，让妈妈再次耗费时间和精力去纠正果果的不良行为。

不得不说，有些人总是戴着有色眼镜来看待"规矩"，其实，它并不是机械、简单地要求孩子不能做什么、应该做什么，而是为了在和谐的状态中达到让孩子养成良好习惯的目的。如果父母觉得孩子做得有些过分，却只在他们逾越界限后才想起来给他们划定界限、制订规矩，着实不妥。因为之前你给孩子太多的自由，现在要约束他们，必然会引起他们的抗议。所以，正确看待规矩，尽早花心思让孩子懂规矩、守规矩，以后教育起来就会轻松很多，也能省下不少时间和精力。

一个孩子正确的成长轨迹应该是这样的：越长大，父母越要放手。也就是说，小的时候给孩子定下的规矩越多，他们越容易形成一套属于自己的处世方法，随着他们逐渐长大，父母要信任他们，放手让他们成长起来。就像龙应台在《目送》中说的："我慢慢地、慢慢地了解到，所谓父女母子一场，只不过意味着，你和他的缘分就是今生今世不断地在目送他的背影渐行渐远。你站在小路的这一端，看着他逐渐消失在小路转弯的地方，而且，他用背影默默地告诉你：不必追。"

一次，我到一位朋友家做客，无意中看到他们家墙上贴着几张 A4 纸打印的家庭守则，内容涉及生活的方方面面，很详细。朋友说："这些规矩主要是给孩子定的。"

我很好奇，问："你家孩子今年多大了？"

"13 岁。"

我更纳闷了："都 13 岁了，你们怎么还要求他早晚认真刷牙，起床叠被子？"

朋友说："不要求不行，现在他牙刷不干净，被子胡乱叠一下就算了事。"

"你们怎么不早点儿要求他呢？"

"现在国家不是都提倡减负了吗，我们也觉得孩子的童年就应该是玩，所以疏忽了对他的约束。"

听了朋友的话，我无奈地笑了笑。玩确实是孩子的天性，可不能把玩和给孩子定规矩一刀切。认真刷牙、把被子叠整齐这些本该在幼儿园时期遵守的规矩，如今孩子都13岁了，还在被父母要求执行好，说起来实在就有点可笑了。通过这件事我也领悟到了一点，那就是除了给孩子立规矩之外，还要在孩子小的时候教他们注意细节，这样一来，之后的教育就会事半功倍。

套用当下一句流行的话警醒所有父母：千万不要在该给孩子立规矩的时候选择放纵。

对于孩子来说，从小养成自觉遵守规则的习惯，将来长大了就会受益匪浅，比如，主动遵守交通安全规则，按顺序排队、乘车、购物，不随地乱扔垃圾……

任何一个良好习惯的养成，都需要经历一个不断练习、不断改正的过程。现实生活中的很多例子也充分证明，一旦养成了坏习惯，改起来非常困难，甚至一辈子也纠正不过来。因此，父母一定要引起注意，从小培养孩子的规则意识，让他们养成好习惯。

女儿从1岁多开始，我跟丈夫就特别注意锻炼她的规则意识，时间长了，她几乎在任何时候都可以遵照我们提出的要求和规定来做，后来不管是在幼儿园，还是上了小学，她的适应能力都非常强。

我记得她上幼儿园的时候，有一次我陪她上了一次课。上课前，教室里很喧闹，为了让大家安静下来，老师就跟孩子们说：如果谁先坐好，我就先给谁发画纸，拿到画纸的小朋友就可以开始画画了。

孩子们听了，一个个坐好，老师就给那些坐好的孩子挨个儿发画纸。其余的孩子一看，明白了老师说的规则，自然就争先恐后地坐好了。

而且学校还有这样一个规矩——上课时，老师只会让举手的孩子回答问题。如果老师提的问题我女儿会，她总是第一个举手并大声回答，于是备受老师的喜爱和信任。

在整个幼儿园阶段，我和丈夫从来没有因为女儿不听话而苦恼过。

如今，幼儿园对孩子的规则意识都非常重视，而且社会各界也都在呼吁，要从小培养孩子的规则意识。

只要父母留心就会发现，在很多幼儿园的墙上都贴着"幼儿园守则"，比如礼貌待人、帮助他人、不大声吵闹等。这些大多被设计成漫画贴在墙上，孩子能够一目了然；甚至有些幼儿园老师每次上课时都会带领孩子们大声朗读"课堂守则"。

在年龄小的孩子心里，对父母和老师有一种莫名的崇拜，让他们怎么做，他们就会照着做。等到他们长大了，或者到了青春叛逆期，可能就不会对父母和老师"言听计从"了，甚至还会对着干，所以，选择在青春期对孩子进行规则意识的培养显然不妥。况且规则意识的培养并不是一朝一夕就可以完成的，它需要不断地重复和纠正，而这个过程需要耗费大量时间，并伴随孩子的成长。由此也充分说明，对孩子规则意识的培养，最好从小开始。

让孩子参与制订规则

鼓励孩子参与家庭规则制订是尊重孩子的一种体现，同时也会令他们内心升起自豪感，在执行过程中自然就会认真很多。而且，只有让孩子参与其中，父母才能知道他们真正的需求。父母一厢情愿地制订规则，很可能会违背孩子的意愿，对亲子关系的和谐极为不利。

小熊妈是一名高中教师，经常去学校监督学生上晚自习。

最近半年，小熊的学习习惯变得特别差：从来不主动完成作业，字体潦草，错误率高。尤其是妈妈去学校监管晚自习的时候，写作业更拖拉，爷爷奶奶拿他一点办法也没有。

有一天，妈妈上完晚自习，回到家的时候已经9点了。小熊放学之后这么长时间，刚刚写了预习作业，作文和英语作业一个字都没有写。看到小熊贪玩不写作业，妈妈顿时就愤怒了，扬起手狠狠地打在了小熊的屁股上。

看着一边抓紧写作业一边哭泣的小熊，妈妈也有点后悔，忍不住掉下泪来。

第二天早上，妈妈为了让小熊以后不再这么拖拉，便问小熊："你知道昨天晚上我为什么打你吗，你有什么感想？"

谁知道小熊却笑嘻嘻地说："妈妈，这有什么感想啊？你就应该感谢你生活在中国。如果是在美国，你就犯了虐童罪，是要进监狱的！"

妈妈听后一下子愣住了，随后马上意识到，自己的一些教育理念已经落后了，必须改变今后的教育方式。

在传统教育当中，父母、老师往往会习惯性地利用传统的"威"和"势"让处于劣势的孩子去接受、遵守这样的不平等，甚至一切规则的制订和处理办法全部都由父母、老师说了算，根本不允许孩子参与其中，他们能做的只有顺从，如果敢说半个"不"字，就是不理解父母的苦心、叛逆、调皮、不听话……

其实，从客观角度来讲，作为一个生命个体，孩子有权参与家庭规则的制订，即使是父母和老师，也不能剥夺他们的这些权利。于是，周末的时候，妈妈跟小熊进行了一次严肃的谈话，母子俩一起商定了一个关于小熊写作业的规定：每天放学回到家之后第一时间认真写老师留的作业，遇到难题可以暂时先放一放，等把会做的都做完，再做遗留的难题；如果实在解决不了，就标出来，第二天寻求老师的帮助。

规则制订后，小熊根据实际情况，把放学回家之后写作业的科目和时间都做了细分，哪个时间段写数学，哪个时间段写语文……并贴到桌旁边的墙上。渐渐地，小熊养成了良好的学习习惯，妈妈再也没有因为他学习的事情费过心。

有些父母觉得孩子还小，很多事情超出他们的能力范围，是他们管不了的，包括规则的制订，让他们参与进来只会坏事儿。实际上，不尊重孩子的意见，不顾及孩子的感受，规则就成了一种冰冷的命令。这也是为什么在现实生活中很多孩子不满父母定下的规则，并反抗的原因。不可否认，案例中小熊妈就做得特别好。她改变了自己的教育方式，尊重小熊的想法，和小熊一起商定写作业的规则，并且最终达到了预期的目的。

在传统的教育观念中，孩子从来都是规则的被动遵守者和执行者，根本没有机会和资格参与规则的制订。随着教育改革的逐步深入，当今的父母应该从传统的教育模式中跳出来，尤其是制订规矩的时候，鼓励孩子参与进来，多听听他们的想法和意见，久而久之，孩子就会从父母这里获得尊重感和自信心，长大之后才会发自内心地尊重自己的选择、经营自己的人生。

别看孩子年龄小、阅历浅，但他们从出生的那一刻起就有了自己的思想、认知和理解。制订规矩时父母大包大揽，不仅会引起孩子的抵触，执行起来难度较大，而且还不利于亲子沟通，更可能引发更多的矛盾和误会。相反，鼓励孩子参与到规则的制订环节，不仅可以让他们发现自己的弱点和不足，还能想到一些有效的解决办法，提高执行规则的积极性和自主性。

在中国，很多父母在幼年时期都没有过平等协商的经历，所以教育孩子时，潜意识里就会要求孩子无条件地服从自己。尤其是上了年纪的父母，让他们跟孩子平等协商，他们总会觉得有失身份和颜面，进而觉得力不从心、无所适从。与孩子平等地协商是所有新时期父母都需要上的一课。

我们小区有个叫小虎的男孩儿，正应了他的名字，长得虎头虎脑，身宽体胖，力气很大。听小区里其他的孩子说，小虎太霸道了，所以他们都不喜欢跟他玩，更不敢轻易招惹他。可即便如此，小虎每次看到他们，还是会跑过去跟他们一块儿玩。有些孩子为了不被小虎欺负，见他来了，就去别的地方玩儿了。

去年夏天的一个傍晚，一个中年男人领着一个小男孩儿敲响了小虎家的门。原来，下午的时候，小虎跟这个小男孩儿要钱，小男孩儿告诉了家里的大人，他的爸爸气不过，领着孩子找上门讨说法。小虎爸曾经不止一次提醒过小虎，让他不要欺负别的孩子，可小虎根本不听这一套。这次被人家找上门，小虎爸顿觉颜面扫地，当着那对父子的面狠狠揍了小虎一顿。小虎挨了打，心里气不过，哭着跑了出去。到了晚上9点，小虎还没回来，只能动员全家去找他。

夏天天气闷热，大家都睡不着，在小区的空地上聊天，听说谁家在找孩子，于是都帮忙打听。看着小虎爸一脸焦急，了解事情原委的人都说："哎，当初你怎么就不跟孩子好好说呢？"

庆幸的是，没过一会儿，就有人给小虎爸打电话，说在附近的超市找到了小虎，大家这才放了心。

父母要求自己的孩子不准欺负其他小朋友，这种做法固然是正确的，可是一旦孩子犯了错，有些父母不是冲孩子大喊大叫，就是打骂孩子。其实，越是这个时候，父母越需要冷静。

就拿小虎的这件事来说，小虎爸完全可以心平气和地告诉小虎，如果他缺零花钱或者觉得现在的零花钱不够，可以跟自己或妈妈说，他们肯定不会不给他，至少会根据实际情况适当增加，同时跟小虎说好，要节俭、不乱花钱。如果因为缺少零花钱而拦住别的孩子要，一旦养成习惯，将来长大了很可能会走上犯罪的道路，这样的话，他的一生就彻底毁了。

相信现实生活中很多人都像小虎爸那样，不会抱着平等、尊重孩子的态度跟孩子谈，总是觉得孩子年纪小，便用居高临下的态度管理他们，实际上越这样，越容易引起孩子的抵触和叛逆心理，甚至会有孩子做出让大家担心的事。

其实，别看孩子小，只要他们能从父母的态度中察觉到尊重和关爱，就会听话地按照父母说的执行；如果父母总是摆出一副居高临下的态度，孩子就很容易产生敌意，进而挑战父母，原本遵守的规则，也会故意破坏。

制订规则最科学的方法是家庭全体成员都参与讨论，营造一种平等、民主的气氛，父母和孩子都能充分表达自己的意见和感受，父母绝对不能独断专行，把自己的意志强加给孩子。

我的高中同学王梅在一所中学教语文，她本人非常喜欢文学，因此带出来的学生也大都文绉绉的。王梅很喜欢写作，偶尔有学生写的作文不错，她会让我看看、点评一下。记得她曾让我看过这样一篇学生作文——《我爱我家》：

说到我家，有一点跟别的家庭不一样，那就是我的爸爸妈妈十分开明、民主，从来没有把我当成年幼无知的孩子来对待，不管遇到什么事，他们都会跟我商量，征求我的意见，而且事后大家都会遵守商定的规则。所以我们家的气氛一直都很和谐、友爱，家里从来没有发生过争吵。

在家里，我爸是大领导，纵览全局；我妈是二领导，负责家务工作；我是小领导，主抓学习。平时生活中遇到的大小事情，凡是需要商量的，我们都会召开三人会议。经过一番商量之后，整理出具体的做法和规则才会贴到墙上，大家自觉遵守。

为了规范言行，在我很小的时候，爸爸妈妈就制订了明确的家庭守则，而且每过半年就在原来的基础上改进一次，增加一些新的需要遵守的条目，并重新贴到房间的墙上。

有一次，同学李璇来我家玩，看到墙上贴的这些家庭守则条目，竟然呆了半天："你们家怎么搞得跟去公司上班一样？我爸他们公司就是这样，办公区的墙上贴着员工行为守则之类的。"

我只是笑了笑，并没说什么，这是我家的小秘密。正是这些家庭守则，才让我们一家三口一直以来都能相亲相爱，从来没有红过脸或者发生过争吵。不像有的家庭，整天吵吵嚷嚷的，把家里搞得鸡飞狗跳，不得安宁……

我永远记得第一次看到这篇作文的时候，脑海中突然闪现出的这个温馨的一家三口开会的情景，大家探讨着某个问题，时而说笑、时而严肃。而这不正是如今我们一直提倡的父母与孩子平等、尊重的相处之道吗？

让孩子参与家庭会议，父母用心倾听他们的意见，不仅会增加彼此的信任，还会提高他们的家庭责任感。在这种环境下成长起来的孩子，又怎么会是自私、低能的呢？

规矩定下，就不能轻易更改

父母给孩子制订了规则，就要鼓励并监督他们坚决执行，千万不能为了取悦孩子而置规则于不顾，那样的话，不仅使之前制订的规则变得毫无意义，也不利于孩子的成长。

环环今年4岁，妈妈最愁的就是带她出去玩，因为只要她一看到自己喜欢的玩具，就走不动了，总嚷嚷着要买。只要不给她买，她就耍赖、哭闹。为了解决这个事儿，爸爸妈妈绞尽脑汁，想了各种办法都行不通，最后他们给环环定了一个规矩：一周只能买一个玩具。

一天，妈妈带环环去商场。一进门，环环就看上了一个玩具，爱不释手。妈妈表情严肃地说："昨天爸爸才给你买了玩具，咱们不是说好，一周只能买一个玩具了吗，所以今天不能买，下周再说了。"环环看了看妈妈，低头答应着："嗯。"逛完商场要走的时候，环环又看到自己喜欢的那个玩具，还是要妈妈给她买。妈妈对她说："你怎么又忘了，我们规定好的，一周只能买一个玩具。"说完要领着环环走，没想到，环环委屈地哇哇大哭。看着女儿的样子，妈妈心疼了，想了想，无奈地说："好吧，不哭了，我给你买。不过就只能破例一次啊，下次可不能这样了。"说完，就掏钱把这个玩具买了下来。

现在很多家庭只有一个孩子，所以对孩子提出的要求能满足的都会尽量满足，像环环妈这样，一看到孩子哭闹就会心疼，然后向孩子妥协。其实，这样的做法是错误的！当环环提出要再买玩具的时候，妈妈本来应该说"不"，可是她最终因为不忍心、心疼孩子而妥协了。对此，我想说的是，规则既然已经定了，就不能无故破坏，牺牲规则取悦孩子，等于在告诉他们：父母给他们制订规矩不过是说说而已，没什么大不了的。

所以，父母在给孩子制订好规则后，一定要贯彻执行，绝对不能因为孩子的无理取闹就轻易破坏。

我们不难发现，在中国传统的家庭模式中多半是严父慈母：就是指父母"一个唱红脸，一个唱白脸"，他们相互配合，在教育孩子的时候，一个正面教育，一个配合，相得益彰。事实上，这种观点并不合理。试想，如果父母双方，一个执行自己的严格教育方法，另一个则表现得过于温和，对孩子一味迁就，那么，我们不难想象这样的情形：孩子见到严厉的家长就会像老鼠见了猫一样，唯唯诺诺；而见到温和的家长，就马上像换了一个人似的，立即变得放肆起来，甚至不把这位家长的话放在心上。

久而久之，孩子的行为就会变得不稳定，甚至会出现性格上的缺陷，也不利于孩子树立正确的人生观和价值观。

为此，教育孩子，父母要保持一致的态度，在为孩子定规矩时也是如此。而在现实生活中，我们看到的多半是这样的情景：

周末，小雷满身泥巴地回来，衣服还撕破了，妈妈知道他肯定又是去和小伙伴打架了，就问："你是不是又打架了，不是定好规矩不再打架了吗？"

"是他们先耍赖的，说好了，谁输了球谁就请客吃冰棍。"小雷解释道。妈妈听完气不打一处来，就直接骂道："跟你说过多少遍了，不要和别人打架，难道你长大了想当'混混'不成？"说完，她伸出手准备打小雷，小雷吓哭了。

这时，正在看报纸的爸爸从卧室走出来，赶紧说："来，雷雷，到爸爸这儿来。"小雷赶紧躲进卧室，爸爸对他说："别哭了，爸爸就觉得你没有错，不过一个男子汉要勇敢点，不要动不动就哭，来，笑一下。"听到爸爸这么说，小雷笑了。

其实，这样的教育情景在生活中经常出现，在孩子眼里，父母好像很喜欢红黑配合，但到最后，教育孩子的效果似乎并不明显，孩子的错误并没有改正，因为他们不知道到底谁说的是对的。同一个人不能同时选择两种不同的价值观，否则他的行为将陷于混乱。一个人的思想不能由两个以上的人来指挥，否则将使这个人无所适从。同样，对孩子的教育，不能同时采用两种不同的方法，设置两个不同的目标，提出两个不同的要求，因为这会使孩子无所适从，甚至使其行为陷于混乱。

现实生活中总会发生这样的情况：孩子喜欢晚睡，第二天起不来。为了让孩子养成早睡早起的习惯，父母一般都会给孩子规定睡觉和起床时间，但是孩子一哭闹，就不忍心去管了。由此可见，家长对待规矩太随意，也是孩子有规矩不遵守的主要原因。

很多时候，不是孩子抵触规矩、不遵守规定，而是因为父母太心软，就算制订了规矩也无法坚持下去，总是朝令夕改。不高兴时就给孩子定规矩，高兴时就忘记规矩。家庭教育是一场持久战，不像给孩子讲数学题，讲完了孩子听懂了就结束了，家庭教育只有坚持不懈、持之以恒才会产生效果。

规矩要清楚，传达要明确

父母的职责不仅仅是养家糊口，最重要的工作与职责，是从孩子小时候起，就要清楚地向孩子讲明一些规矩，让孩子多了解规矩，要清楚地告诉孩子，哪些是对的，哪些是错的；哪些事情是该做的，哪些事情是不该做的，让他从小就懂得规矩。

刘国强的儿子小军6岁了，是个非常懂事的孩子。每天国强下班回家，先陪小军玩半小时的游戏。

之后，国强去打开电脑，看股市信息，此时，小军就会去写作业，或者自己玩。如果国强不叫小军，小军绝不会去打扰他。

小军为何会这样有规矩呢？这当然得益于国强让小军从小就明白：在家中应该守哪些规矩，出去做客或者家里来客人时要守哪些规矩。

国强给小军从小就立下这样的规矩：父母做事时不能打扰。所以，小军小时候，经常是爸爸在沙发上看书，妈妈在做家务，而他则自己玩玩具。

如果家里来客人或朋友，国强就会对小军说："爸爸要与叔叔聊天，你到卧室里玩一会儿。"而小军呢，很听话地去卧室待着，不哭不闹。

如果在看电视时，有人打电话过来，小军听到电话铃声，肯定会把电视声音调小一些，等国强接完电话他再调大一些。小军如此自律，同时又懂得尊重别人，理所当然地赢得了属于自己的自由空间。

看到小军这样守规矩，很多父母肯定会唏嘘不已：人家的孩子为何如此守规矩呢？为什么我给孩子立了很多规矩，孩子总是视为空气呢？

到底怎样做才能让孩子懂规矩呢？这需要父母从以下几方面入手：

1. 给孩子交代规矩、表述规矩时，要信号明确

由于孩子的语言理解能力有限，他们只会听他们感兴趣的话，太烦琐、意思不明的指令，会让他们不解。因此，父母在告诉孩子一些规矩时，一定要表达清楚，要用孩子能听懂的话，明确告诉他们什么行、什么不行。同时，在表达规矩时要直接，如孩子该睡觉了，他却还在看电视，你不能对孩子说："你要是再看电视，就别睡觉了！"而是应该说："睡觉的时间到了！再看电视，就不是好孩子了！"

再比如，让孩子遵守交通规则，可以告诉孩子："街上的红灯亮了，那意味着你要站住；绿灯亮了，就可以向前走了。"

通常，父母给孩子说明规矩时，表达到位，孩子就易理解与接受。而含糊不清的表述，只能使孩子经常找借口与父母讨价还价，甚至力图不按规矩办事。

2.当孩子不能理解规矩是什么时，要演示给他看

孩子2岁半后，才有较好的交流能力。之前，即使是简单的一句话，孩子也常常很难理解其中的含义，因此，教孩子懂规矩时，一定要多用肢体语言。如告诉孩子不要动电饭锅时，父母可以先用手摸下电饭锅，并做出很痛的表情，这样，孩子就会明白动电饭锅的严重后果，从而守规矩。

3.要根据事情的性质来决定

比如，我们说不可以打人，但现实生活中，很多父母会与孩子小打小闹，孩子之间也是如此。不过，将别人打哭、打得很疼就不可以了。

而如果父母只是简单地和孩子说不能打人的话，那么孩子就会很难理解与判断。因此，父母在定规矩时一定要注意，要根据事情的性质来决定，而不能由事情的严重程度来决定。

因为孩子没有成年人的理解能力，自控能力也相对较弱，所以在给孩子立规矩的时候，不能用成年人的标准去要求他们。比如适用于成年人的一些复杂而烦琐的规则，不仅不能让孩子遵守，还会让他们感到困惑和难以理解。

因此，父母要把规矩的具体内容跟孩子讲清楚，而不是强势地去命令孩子。需要注意的是，在讲的过程中，父母尽量不要用"你必须……""你不能……"这样的话语和孩子交谈。千万不要以为孩子年龄小，就什么都不知道，也许他暂时还不能完全理解你说的话，但你平静的语调和对他的尊重会使他相信你的话，并听从你的要求。

讲规矩，更要讲道理

生活中，可能不少家长都遇到过这样一个头疼的问题：孩子太固执了，想给孩子定个规矩太难了。也有家长称，无论说什么，孩子都很抵触。其实，如果我们能找到孩子喜欢的沟通方式，让孩子在一开始就认同你，那么，他自然会接受你。我们先来看下面的教育故事：

周末，妈妈带着莉莉一起逛商场，莉莉看上了一件粉色的裙子，非要买。妈妈说该回家做饭了，莉莉就赖着不走。这时候，妈妈蹲下来，对莉莉说："我的乖女儿，妈妈知道你很喜欢这件裙子，但你发现没，你已经有十几件这样的裙子了。你看，妈妈每天都要辛苦地工作，才能挣钱给你买这些裙子。莉莉是不是应该体谅一下妈妈呀？"妈妈说完后，莉莉还是噘着嘴。妈妈一看莉莉这样的表现，就继续说："要不，等下周妈妈发了工资就给你买，好不好？"听到妈妈这样说，莉莉高兴地答应了。

第二周的一天，妈妈下班后对莉莉说："妈妈今天带你去商场买那件裙子好不好？"但莉莉却对妈妈说："妈妈，我以后要做你的乖女儿，再也不乱买衣服了。"听到莉莉这样说，妈妈欣慰地笑了。

这一故事中，莉莉妈妈的教育方法值得很多父母借鉴。教育孩子，需要考虑到他们的心理特点，他们更喜欢父母与他们讲道理，而不是用粗暴的方式压制。因此，若孩子和你意见不合，就是不愿意听你的话，你有必要采取正确的方式说服他。这样，能减少亲子间的冲突，并通过把决定权交给对方的方式，让孩子觉得受到尊重，因而愿意做出配合你的决定。

具体来说，用讲道理的方法来立规矩，有以下几种方法：

1. 在平时的教育里就明确地告诉他能做什么，不能做什么

例如，当你带孩子到亲戚家做客的时候，你要告诉他，不能随便拿人家的东西，并告诉他，这是不好的行为习惯。这样，在日后的拜访中，他便不会提出这样的无理要求。

2. 让孩子自己做选择题

例如，你想让孩子按时上床睡觉，但他就是想看电视，此时，你可以这样对他说："宝贝，《喜羊羊与灰太狼》很好看，对吧？那你以后是饭前看呢，还是饭后看呢？"这样，用选择题代替是非题，孩子不论做出哪种选择，都能与父母达成共识。

我们再举个例子，妈妈想叫孩子关上电视去做功课，这时与其大吼"快把电视关了，去做功课"，不如说"乖，你是先吃饭还是先做功课？"这样一来，不论孩子做哪种选择，妈妈都可达到让他离开电视机的目的。

3. 晓之以理，动之以情

我们来看看林先生是怎么教育他的孩子的：

林先生是一名物理教师，他在教育孩子这方面很有自己的心得。他曾这样陈述自己的一次教子经历：

我儿子上小学时，一次因为体育活动课玩疯了，回家时忘了带语文书，他偷偷和妈妈说，不要告诉爸爸。吃晚饭的时候，妻子忍不住告诉了我，我就叫他不要吃饭了，把书找回来再吃饭，他哭着叫他妈妈和他去找书，后来在学校保安那里拿到书；回来后他的心情就不一样了。我和他说，一个学生丢了书，就像战士丢了枪一样。他马上就回我："战士丢了枪，鬼子来了可以躲起来啊！"我严厉地说："是的，战士丢了枪可以躲起来，那么老百姓谁保护啊？"他此时无话可说了，我又说："一个人不能忘记自己的责任啊！"

前几天妻子去青岛开会，我和儿子两个人在家里，我发现他每天都要检查煤气、门锁。一天我因为去学校早了点，忘记拿牛奶了，回去以后发现孩子已经拿回家了，而且放到了冰箱里。儿子长大了。

林先生对孩子进行的责任教育，并不是陈述大道理，而是从生活中孩子丢了书本这一事件入手，让孩子明白书本对于学生的重要性，从而让孩子从这一小事件中明白做人必须有责任，后来孩子检查煤气和门锁、拿牛奶等事，证明林先生的教育起作用了。

每个人都有自己喜欢的沟通方式，我们的孩子也是。我们要想成功给孩子立规矩，就要从他喜欢的方式入手，并掌握一定的说服技巧，而不是硬性地把自己的观点传达给孩子，只有这样，才能让孩子接受你的观点。

合理掌握尺度，宽容严厉都不能少

雪儿今年4岁多，已经是幼儿园中班的孩子了，她性格外向，活泼可爱，幼儿园的老师与班里的小朋友都十分喜欢她。可让雪儿妈妈着急的是，雪儿的性子太慢了，无论做什么事情总是磨磨蹭蹭的。

玩了一会儿游戏，她感到口渴了，就对妈妈大喊："妈妈，我要渴死了，我要喝水！"

"等一下，妈妈马上给你倒水喝！"

"嗯！"

妈妈连忙给她倒了一杯水，放在桌上，然后就去洗衣服了。可妈妈洗完衣服回来却发现，杯子里的水只被雪儿喝掉了一点点。

妈妈看着她，说道："雪儿，你不是很渴吗？怎么才喝这么一点点呢？快来喝！"

"嗯，知道了妈妈，一会儿就喝！"

"别玩布娃娃了，现在快来喝水！"

"嗯！"

雪儿又答应了，并且端起杯子，将杯子贴在嘴上，可就是不把水咽下去。见雪儿迟迟不喝水，妈妈有点不高兴了，一直在旁边看着她。雪儿被妈妈盯着有点害怕，赶紧喝了一大口。妈妈心想这下可以放心了，便又去做饭，可等她做好饭回来，却发现雪儿的一杯水还是没喝完。妈妈只好再次催她喝水。可雪儿磨磨蹭蹭的，还是没好好喝水。妈妈没办法，只好吓唬她："你再不把这杯水喝完，我就把你的布娃娃扔进垃圾箱里。"结果雪儿不但没喝水，还哇哇大哭起来。

雪儿的案例在家庭教育中并不少见，妈妈的解决方式不但没有让孩子服从，反而让情况变得更糟糕了。当孩子不听话的时候，家长通常就会重复刚才说的话。而每次重复，孩子不但没有听从，家长的火气反而变得越来越大，最后想出吓唬孩子这一招。不过孩子知道你只是吓吓他而已，所以他不一定会买账。这样，不外乎三种结果：要么家长以体罚相威胁，或实施体罚；要么打退堂鼓，投降认输；要么两者兼用。然而没有一种结果能让家长称心如意。

雪儿的情况明显就属于这种模式。那么，如果面对面跟孩子定规矩还是不管用，这时家长该怎么办呢？

不用着急，你可以试试用惩罚的方式告诫孩子，让孩子守规矩。

　　没有父母希望自己的孩子没规矩、没礼貌，人见人烦。也有很多父母在孩子小时候给孩子制订了一些规矩，如晚上9点睡觉、吃饭不能掉饭粒等。但父母给孩子制订了规矩后，一些孩子很遵守，一些孩子却依然我行我素，根本不拿规矩当回事。之所以有这样的差别，也许是由于父母在给孩子定规矩时，使用的方法不当，或者说是使用的方法存在一些问题。

　　给孩子定规矩，父母要讲究一些技巧，要奖励、惩罚、建议等多管齐下，这样才能事半功倍。

1. 当孩子破坏规矩时，惩罚要及时

　　给孩子定规矩后，可由家人对孩子进行监管，如果发现孩子一而再地不守规矩，就要对孩子进行适当的惩罚。不过，在给孩子定规矩时，惩罚一定要及时。否则，难以让规矩具有威慑力。

　　在给孩子定某一规矩时，一些父母也制订了一些奖罚制度。但在给孩子定规矩的过程中，这些奖罚制度却不给力。这是为什么呢？主要原因不是制度本身有问题，而是父母们奖罚不及时。即不是在应该奖罚孩子时，马上执行，而是一拖再拖；再就是在该处罚孩子时，父母总是犹犹豫豫。事实上，小孩子的长期记忆比较差。如果处罚不及时，孩子很难感受到守规矩的重要性。

所谓"赏不逾时，罚不迁列"，延迟的惩戒会因时过境迁而使孩子淡化自己的过错，甚至会误认为父母在放任自己的错误行为。再说了，在给孩子定规矩时，如果父母不及时奖罚孩子，也容易给孩子留下大人说话不算数的印象，孩子因而不相信父母，也会因此不怎么守规矩了。所以，在给孩子定规矩时，奖罚一定要及时，要在第一时间奖罚。

2.奖罚措施要得当

给孩子定规矩后，父母不仅要根据孩子的表现，及时对孩子进行奖罚，而且要采用适当的方法。在处罚不守规矩的孩子时，要让孩子感觉到痛苦、不舒服。

比如，有的孩子喜欢乱吐痰，你就要告诉他："如果你再吐，就不让你玩最喜爱的玩具。"孩子每次乱吐痰，都会得到相应的惩罚。这样，他每次乱吐痰时，想到的不是乱吐痰的乐趣，而是不让玩玩具的痛苦。

3.在奖罚的同时，要给孩子提适当的建议

给孩子定规矩时，父母要做孩子的参谋，多帮孩子，如多给孩子提好的建议。遇到困难时，帮孩子一起分析原因，分析原因后，再建议孩子以后如何做。

父母对孩子的爱一定要有严格的要求在其中，万万不可无底线地迁就，甚至是溺爱。必须保持理智，只有这样，才能培养出品行良好、人见人爱的孩子。

讲清不守规矩的后果，让孩子自己选择

对有些孩子来说，他们心里明明知道需要遵守的规矩，但总是明知故犯，经常出现买东西不排队，与人相处不讲礼貌，过马路不遵守交通规则……即便知道自己犯了错，也总是改正不了。这时，父母就要想办法让孩子明白，不遵守规矩可能会引发什么样的后果，比如给他们看一些相关的绘本书或者动画视频等，让他们意识到后果的严重性，这样就有可能让他们重视规则并严格遵守了。

这天，一位靓丽的女士来到我的办公室，跟我聊她自己的困惑：

我儿子刚上小学五年级时，成绩算不上特别优秀，在班里只能排到中等。可是过了一段时间，我发现儿子变得越来越贪玩，每天放学回家后，总是盯着电视不放，对作业一点儿都不上心。每次我问他，他都说老师布置的作业少，他在学校已经做完了。

最开始我相信儿子的话，可时间一长，总感觉有点儿不对劲。

再加上那段时间我工作繁忙，也没有机会去找儿子的班主任核实情况。直到有一天班主任给我打电话，我才知道，儿子的学习成绩正在直线下降，而且总是不交作业。更可气的是，班主任曾经让他叫家长去学校见老师，儿子从来没有对我们说过，还总是用各种各样的借口应付老师。

我们从来没有要求儿子学习成绩能够在班里数一数二，但他总是不做作业，学习成绩下降，还隐瞒、撒谎，让我感到很无奈，也不知道该如何引导儿子。

听了她的讲述，我建议她，不妨把儿子当成自己的朋友，坐下来好好跟他谈，并且直接告诉他，如果一直这样下去，他可能会遭遇什么样的后果。比如，习惯性不交作业，老师就会放松对他的监督，他就不可能考上自己理想的中学甚至大学；同学们会认为他不思上进，渐渐疏远他；更糟糕的是，痴迷电视会削弱他学习的意志，他的不思进取和堕落会让坏孩子找上他，导致他犯错甚至走上犯罪的道路，失去人身自由，被社会遗弃，而父母也会因为有他这样的儿子受到别人的指责……

这位女士的情况在我看来并不特殊，为她提供解决问题的办法之后，我也没有太往心里去。一个月之后，这位女士打电话告诉我，她从我这里回去之后，找了机会跟儿子详谈了一次，从那之后，儿子每次放学回家，第一件事就是先做作业，遇到不会的主动问老师，而且同学问他问题的时候他都能帮着解答，老师和同学们都非常喜欢他，还推举他当课代表呢……

从她的语气中，我能明显感受到她内心的喜悦和无限的满足。

相信这位女士的情况，很多家长都曾经遇到过，甚至不少父母感到奇怪，孩子为什么会出现这样的情况？探究其根源，主要是因为他们陷入了某种欲望的深坑，比如痴迷动画片、网络游戏等，为了争取更多的时间，在家敷衍父母作业早在学校做完了，在学校欺骗老师说作业在家忘记带了……总之，他们为了躲避父母或老师的责备甚至打骂，想尽办法敷衍塞责。而这也反映出，现如今绝大多数父母对孩子的早期教育更多倾向于智力投资，忽略了道德品质、社会能力等非智力因素的启蒙与引导。

事实证明，缺少对孩子的德行教育，孩子会缺乏自制力，行为也会相对散漫，无法接受规矩的拘束，不仅不能遵守规则，还容易跟父母发生争执，有时甚至会出现攻击性行为。随着素质教育的全面推行，孩子的这些问题开始普遍受到家长和社会的关注。在这个过程中，因为生活经验的缺乏、认知水平有限、控制能力不强，孩子难免会做出一些违规的行为，实际后果也有轻有重。为了防止造成不可挽回的恶果，父母一定要引导孩子提高对规矩的重视程度，直接将违规可能引发的后果告诉他们，让他们有所畏惧，行为上自然就会有所收敛。

很多时候，孩子之所以不会按照要求去做事，主要是因为他们根本就不知道这样做的后果是什么。当他们意识到问题的严重性时，可能就不会肆意而为了。

一次，小小妈和大宇妈约好带着小小和大宇组团来一次乘船旅行。

登船之后，轮船离开海岸，向大海中间驶去。过了一会儿，小小妈说："真美呀！感觉伸手就能抓住风，摸到云。"

大宇妈说："是啊，这趟旅行确实值得。"

大宇是个男孩儿，而且好奇心强，总是在轮船上跑来跑去，看看这儿，看看那儿；小小是个女孩儿，胆小爱哭，一遇到不顺心的事就掉眼泪。轮船行驶一天后到了青岛，需要停靠一会儿，大宇拉着小小跑到轮船边上，大宇趴在栏杆上，对小小说："我想下去看看。"说完，他拉着小小边走边说，"咱们一块儿去吧，几分钟就回来。"

小小一边挣脱大宇的手，一边着急地说："来之前我妈跟我说，不让我随便乱跑，离开她的视线，怕遇到坏人把我带走了。"当想到自己没跟妈妈打招呼离开，有可能遇到坏人，再也见不到妈妈了，小小伤心地哭了起来，并大声叫着"妈妈，妈妈"。

小小妈循声赶了过来，大宇妈紧随其后。小小见到妈妈，一边哭一边死死地抱住妈妈的脖子不撒手。大宇妈问大宇，是不是欺负小小了。大宇便把事情的经过告诉了她，大宇妈后悔当初没有给大宇定下出游规矩，差点酿成大祸，于是赶紧对大宇说："还好小小没听你的，否则你们私自下船，茫茫人海的，你俩丢了，不得急死我们啊。再说，你们不打招呼下船，怎么就能保证一定可以及时赶回来呢？万一耽误了时间，轮船开走了，你们很可能就再也见不到我们了。"

大宇听了妈妈的话，知道自己错了，并向小小和小小妈道歉，保证再也不会这样做了。

有些违规行为是不可触碰的红线，因为稍不注意就有可能危及孩子的生命，比如误吃药片、触电、烫伤等，所以，对于类似这种违规行为，父母一定要多花心思，想办法用孩子能够理解的语言和方式，让他们清楚地知道生命的可贵，以及这些违规行为可能造成的无法挽回的恶果。

很多孩子都喜欢看动画片，年龄大一些的孩子也喜欢看一些有趣的视频，因此，父母可以借助相关的动画片和视频，播放给孩子看，让他们一边观看，一边受到启发，意识到遵守规则的必要性和重要性。

我的微信朋友圈中，经常会刷到一些视频，有的跟学习有关，有的纯属搞笑。不管哪种，只要我感觉对女儿有启发意义，就会把她叫过来跟我一起看。有一次，我在朋友圈中刷到这样一个视频，画面上一位年轻女子边走边低头玩手机，结果没注意脚下，一不留神掉到了臭水沟里。

　　看完这个视频后，我跟女儿都忍不住笑了。可是，笑过之后，我对女儿说："你发现没有，一边走一边闷头玩手机，是不是挺危险的？视频里这个阿姨只是掉进了臭水沟里，如果是走在大马路上，会不会被车撞呢？"女儿听我这么一说，想了想，点点头，似乎有些心有余悸。我又趁机告诉女儿："要不怎么说一心不可二用呢，同时做两件事，往往很容易发生意想不到的状况，所以今后一定要引起注意。"

　　对于孩子，尤其是学龄前的孩子，跟他们说违规的后果，他们往往不明白。这时候，有心的父母会通过孩子喜欢的、容易接受的方式来引导他们，比如给他们买一些安全绘本、搜一些自我保护的视频等，培养孩子的安全意识，教他们遵守规则。必要的情况下，孩子一边看，父母一边解说："看，他违规了，所以他受到了惩罚。"

通过游戏来定规矩

巧巧的儿子叫童童，今年 5 岁了，是一个性格外向、爱唱歌的孩子，也是一个很听话、很守规矩的孩子。

这天是周六，巧巧与几个同事事先约好了，要去一家酒店聚餐。由于家中没人照顾童童，巧巧就带着童童一起去聚餐。

去酒店前，巧巧给儿子从头到脚换上了新装。

"妈妈，我的拖鞋也得换掉是吧？"

"是的，童童！我知道你很喜欢有卡通图案的拖鞋，但我们不是'约法三章'过吗？出门做客时，一定要穿正装，穿正装是对别人的尊重，尊重别人就是尊重自己，只有这样你才是个真正的小帅哥。你说是吗？"

"嗯，知道了妈妈，我现在就把拖鞋换成小皮鞋！妈妈，我穿那双黑色的小皮鞋可以吗？"

"可以的！"

穿好衣服，巧巧就带童童出门去参加聚餐了。由于聚餐的酒店离家不远，母子俩很快就到了。此时，已有几个同事在等待。当然，也有同事带孩子去。可与童童不同的是，这些孩子总是在酒店中跑来跑去，只有童童安静地坐在一边。每当有阿姨或叔叔给他倒饮料喝时，他也会很客气地说声"谢谢"。

"巧巧，童童怎么这么懂事？平时你是怎么教育他的？听你说给孩子立了好多规矩，可我也给孩子立过规矩，但为什么总是难以成功呢？如规定他每天都要洗澡，但让他洗澡时他总是又哭又闹，我打也打了，骂也骂了，可他就是不洗！"

"这是你的方法有问题吧！我给童童立洗澡规矩，一开始，他也不听，每天喊他洗澡，他都不理我。刚开始我也大声喊叫，大发脾气，可过了一段时间，我意识到这样做什么用也没有。于是，我就开始想办法。一天，我发现童童喜欢做游戏，于是灵光一闪，何不用做游戏的方式给孩子定规矩呢？"

"用做游戏的方式？那你具体是怎么做的？"

"所谓做游戏，其实就是角色扮演。童童喜欢动画片《黑猫警长》，特别喜欢黑猫警长这个角色，因此我就模仿《黑猫警长》里小白鸽的口气：'白鸽指示，布置任务，黑猫警长快来洗澡，快来洗澡！'童童一听就会马上跑来：'报告白鸽，黑猫警长来洗澡了。'"

"那回去后，我也试着用做游戏的方式给我儿子定规矩！"

小孩子天真活泼，而且都喜欢做游戏，而给孩子定规矩是讲究技巧与方式的，只有用孩子喜欢的方式给孩子定规矩，才能收到较好的效果。

父母在给孩子定规矩时，不妨尝试一下用游戏的方式，这样或许会起到事半功倍的效果。

以下几个小游戏十分给力，可以帮父母给孩子定规矩：

1. 角色扮演游戏

在生活中，如果孩子不守规矩，或破坏规矩时，可以与孩子做角色扮演游戏。如果你规定孩子要在饭前洗手，孩子却不洗，你可以与孩子扮演医生与病人的角色，让孩子演医生，你扮病人。孩子问你怎么了，你说肚子痛。当孩子问为什么痛时，你说因为没洗手，手不干净，有细菌。这样，孩子就会明白不洗手的坏处，以后再让他洗手时，他肯定会配合你了。

2. "冻果冻"游戏

这个游戏不分角色，具体可这么做：父母与孩子可以先各做各的事情，如孩子可以玩玩具、看电视，当父母喊"果冻"时，不论做什么，都要保持不动，就像被冻住的果冻一样。

若你规定孩子不能乱动电脑，而他又想破坏这个规矩时，你可以跟他玩"冻果冻"游戏。也许你喊破了嗓子"不要动"，他也毫不理会，但这个游戏，可以让你收到较好的效果。

同理，当你规定孩子不要动家中危险物品，他一而再地破坏规矩时，你也可以尝试一下这个小游戏。

　　一般情况下，当好奇心强的孩子手中拿起尖刀或剪子，父母站在一旁说"不"，只能激起他更大的"挑战"欲望，而这个游戏能够"速冻"孩子破坏规矩的行为，或一些危险行为，让你能有足够的时间去阻止孩子触碰危险物品。

　　在日常生活中，孩子非常愿意做游戏，特别是一些故事或动画片中的角色扮演游戏。父母在给孩子定规矩时，可以根据孩子喜欢做游戏的特点，来做动画片中的角色扮演游戏或其他游戏，以此来规避孩子的不良行为，从而让孩子守规矩，而不是一而再，再而三地破坏规矩。

第 2 章

做好表率，用行动教孩子守规矩

有规矩的爱，才能让孩子更好地成长

规矩和爱从来都不是冲突的。所谓规矩，应体现出父母对孩子深深的爱意；而所谓爱，也不应是毫无原则的溺爱，而应是在规矩制约下形成的理性的爱。只有把规矩和爱完美结合，灵活运用，才能在教育孩子的过程中轻松自如，孩子也才能更好地成长。

爱与规矩是互相关联、密不可分的。真正的爱是有规矩的爱，真正的规矩是体现爱的规矩。但在生活中，很多父母往往是在爱的时候没了规矩，定规矩时没了爱。如何在给孩子定规矩时，把爱体现出来呢？这很简单，要帮助孩子守规矩，而不是威逼孩子守规矩，在孩子遇到困难时，父母要帮助孩子渡过难关。

美国前总统贝拉克·奥巴马是一个育儿方面的高手，他在一次采访中分享了自己的育儿经。他总结出的育儿经验是：要定规矩，更要付出爱。他说："必须给孩子们无条件的爱，同时，给她们定下大方向和一些规矩，通常她们都会完成得非常棒。"

奥巴马有两个女儿：大女儿玛利亚和小女儿萨莎。当被问及自己在孩子们心目中的形象时，他称自己是一个"具有幽默感的好父亲"。

奥巴马和妻子米歇尔都认为孩子们应该多干家务。他们在孩子能听懂话的时候，就开始给她们安排任务。奥巴马说："我会对她们说，去洗澡，把豌豆吃掉，把玩具从地上拿起来……等到 16 岁时，她们样样都会干得不错。不过，她们愿和你共处的时间没有你想要的长。"

由此可见，对于管教孩子来说，规矩和爱缺一不可。

海明的女儿丽杰现在 4 岁 10 个月，她的小脸胖乎乎的，一双大眼睛水灵灵的，非常讨人喜欢。可海明却特别烦她，甚至看她都不顺眼，这是为什么呢？那就是因为她非常任性，总爱发脾气，稍微有点事不依着她，就对父母大喊大叫。因此，海明跟心软的妻子合计了一下，决定要好好管管她，给她定规矩，并且特别提醒妻子，不能因为一时心软就坏了大事。

这天，海明的一个大学同学要来家里做客。在同学到来之前，海明就告诉丽杰说有客人来，让她要听话，客人来了要打招呼，要有礼貌，不能在客人面前瞎胡闹。丽杰答应了。

客人来了后，刚开始丽杰的表现还不错，很高兴地与客人打招呼，并招呼客人就座，但没过多久她就开始吵闹了。当时，丽杰的爸爸妈妈正忙着招待客人，可丽杰却非要妈妈陪她去玩，而且是要去公园玩。丽杰的妈妈没答应，说自己没有时间陪她玩，要陪阿姨聊天。而丽杰一听立马就躺在地上撒泼打滚，大哭大闹，她闹腾了十几分钟，怎么哄都不行，弄得客人很不好意思，本来说好要在海明家吃饭的，结果只待了不到半小时就离开了。

每对父母都有自己的苦恼，而海明的苦恼是：为什么小丽杰总是喜欢无理取闹？为什么她答应了守规矩，却总是破坏规矩呢？给孩子定规矩就这么难吗？

在给孩子定规矩时，有些父母总感觉很难。从表面上来看，是父母定规矩的方法有问题，让孩子难以接受与理解，但究其原因，是这些父母没有梳理好爱与规矩的关系。由于没有厘清爱与规矩是怎样的关系，所以这些父母定起规矩来，总是不忍心，有些犹豫，不那么坚决或不能坚持。

所以，父母在给孩子定规矩前，一定要梳理好爱与规矩的关系，搞清楚什么是真正的爱，如何才能真正地爱孩子。

看过《大卫不可以》这本书的人都知道，大卫的妈妈最常对他说的一句话就是："大卫，不可以！"看似无情，但时时都能感觉到大卫的妈妈对他深深的爱。书中的大卫和大多数孩子一样，经常惹祸：一会儿，他伸着舌头，站在椅子上颤颤巍巍地去够高处的糖果罐；转眼间，他又会带着一身污泥跑回家，客厅的地毯上留下一长串黑黑的脚印；不知什么时候，大卫在浴缸里玩嗨了，卫生间里水流成河……一不小心，大卫闯了大祸，他在屋子里打棒球，将花瓶打破了。妈妈罚他坐在墙角的小圆凳上，他流下了眼泪。这时，妈妈对他说："宝贝，来妈妈这里。"妈妈把他紧紧地搂在怀里，对他说："大卫乖，我爱你。"这是一幅多么温馨的画面，一个孩童恶作剧的故事就这样以一个爱的动作收场。事实上，不管孩子多么调皮，内心有多少委屈，母亲的怀抱永远是他温情的港湾，母亲的爱能化解一切。

父亲也一样，大多数父亲虽然扮演的是严父的角色，但是也应该让孩子感觉到自己对他的爱意，有时候，弯下身子，给孩子一个拥抱，比多少句批评指责都管用。

有时候，孩子不执行规矩，撒泼、无理取闹，只是想引起父母的注意，希望父母给予他更多的爱。因此，遇到这种情况，父母首先应控制自己的情绪，给予孩子更多的理解和关爱，这样孩子才会乖乖地听话。

桐桐从小由奶奶带大，她奶奶每天哄她睡觉的方式就是让她看动画片，结果往往是越看越兴奋，折腾到很晚才睡觉。于是，桐桐的妈妈决定改变她睡觉前看动画片的坏习惯。

一天中午,全家人在一起吃午饭。妈妈郑重其事地告诉桐桐，以后睡觉前不可以看动画片。不过，妈妈可以给她讲一个睡前故事。桐桐点头答应了。谁知，吃过午饭以后，有些困意的桐桐还是嚷嚷着要看动画片，妈妈耐心地劝说了好久，桐桐才肯乖乖地躺在床上。为了更好地帮助桐桐入睡，妈妈还把窗帘拉得严严实实的。然后，妈妈拿出一本童话书，开始给桐桐讲故事。故事讲完了，桐桐却说故事不好听，让妈妈重新讲一个。桐桐的妈妈没有答应她的这个无理要求，只是静静地陪在她身边，不久，桐桐就睡着了。如此几次之后，桐桐习惯了这种入睡方式，而且睡得越来越香甜。

在这个案例中，桐桐的妈妈并没有因为心软而半途而废。其实，每个孩子都会经历一段时间的"不听话""没规矩"，这是孩子心理发展的需要。父母能做的就是为他们定规矩，设置界线，让他们在规矩允许的范围内自由自在地成长，这样他们才能遵循自身的成长规律，寻找属于他们那个年龄的童真和欢乐。

养育孩子是一项充满艰辛的任务，任重而道远，唯有将规矩和爱完美结合，才能让一切水到渠成。

天下父母都十分爱自己的孩子，希望孩子有一个美好的将来，甚至希望孩子能成就非凡事业，有辉煌人生。而爱孩子，父母一定要理性，一定要梳理好规矩与爱的关系。只有有规矩的爱，才是真正地爱孩子。否则，只会害了孩子，甚至毁了孩子的一生。

孩子做得好，父母要不吝奖励

孩子的教育和引导离不开表扬和鼓励，尤其是他们执行规则的过程中，如果某方面做得好，父母千万不要吝啬，及时说一些赞美或鼓励他们的话。比如他们把自己的玩具跟其他小朋友分享了，帮助家人做自己力所能及的家务了，受到学校老师的表扬了等，父母就事论事地赞美和鼓励，可以提高他们的成就感和荣誉感，并养成良好的行为习惯。

格格今年 3 岁，上幼儿园小班。最近不知道怎么了，每天早上起床，妈妈帮她穿衣服，她总会趁机脱掉，并且乐此不疲。为此妈妈感到十分头疼，因为给女儿穿戴好，送她去幼儿园之后，自己还要上班，时间本来就紧张，格格再这么一耽搁，稍不注意就会迟到。

格格妈问幼儿园老师，格格中午在幼儿园午睡后是不是也这样。老师听了，对格格妈说："她在幼儿园倒不这样。孩子处于敏感期，如果她总是这样，你不妨试着让孩子自己动手穿衣服。"妈妈决定听从幼儿园老师的建议，让格格自己穿衣服。

晚上，8点半妈妈就给格格洗澡、刷牙，然后上床准备睡觉。第二天，6点钟格格就醒了，然后妈妈把衣服递给格格，说："格格是大姑娘了，有些事情可以自己动手做，比如穿衣服。"刚开始的时候，格格总穿不好，试了几次就没耐性了，索性把衣服扔到一边不穿了。妈妈笑着说："衣服真是太淘气了，总跟格格闹着玩，要不要妈妈帮帮你？我希望我家格格能战胜这些衣服。"

格格不吱声，妈妈抱着她，一边摸着她的头，一边耐心地说："我家格格最棒了，这点小事一定难不倒你，对不对？邻居家的琪琪姐姐都是自己穿衣服，格格也一定可以，如果需要，妈妈可以先帮帮你，慢慢地，格格就能完全自己穿衣服了。"

然后，妈妈让格格自己试着再穿一次，伸袖子的时候妈妈帮她扶好，并且告诉她一些穿衣服的小技巧。渐渐地，格格穿衣服的主动性更强了，并且她进步很快，三五分钟就能自己穿好衣服和鞋袜。

研究表明，伴随着孩子阅历的增加，自主意识日渐提高，父母要注意把握培养孩子规则意识的关键时机，过程中不能忽视表扬的力量。尤其是3～7岁的孩子，他们往往缺乏自我评价能力，父母说什么他们就会照着做，而且父母的激励会让他们产生良好的认知。孩子一旦认真执行了父母制订的某项规则，一定要就事论事，及时提出表扬，并鼓励他们继续保持，再接再厉。

　　受到表扬的孩子，他们的内心是喜悦的，因为自己的行为得到了父母的认可，自信心也在一定程度上有了提高；相反，如果父母认为孩子遵守规则是理所当然的，从来不对他们的优秀表现进行赞美，那么孩子就会对规则越来越感到无所谓，甚至会迷失方向。

　　很多父母可能会说："我经常夸奖自己的孩子是最棒的、最聪明的，可结果他们也没有表现得有多好啊？"要知道，出现这种状况的原因在于，父母对孩子的赞美或表扬是模糊的，或者是赞美的同时忘记了鼓励他们继续保持，抑或赞美只有一两句，而批评却是十句八句的。总之，父母要切记：发自内心地对孩子进行具体的夸奖，而不是用"你真棒""你真聪明"这类模糊的字句敷衍。

　　有人说，对孩子进行精神激励要比对孩子进行物质鼓励更有效、更持久，但是，不得不说，面对中国的教育国情，在原则范围内的物质奖励是可以有的。就像我，对女儿的表扬除了精神上的，偶尔也会适当采取物质方面的鼓励。比如，女儿喜欢吃糖，为了避免长蛀牙，我会有意地约束她，但是如果她表现得很乖或者某件事做得好，我会允许她吃一块，并且吃完后要立刻刷牙漱口。

二年级下学期的期中考试，女儿的语文成绩提高了 5 分，名次前进了 3 名。成绩公布后，女儿一回到家就向我"炫耀"。看着女儿高兴的样子，我也感到很欣慰。

"说吧，你需要怎么庆祝一下呢？"按照之前的规定，如果女儿这次考试有进步，我答应送她一个礼物，礼物由她自己选，但是价格不能超过 10 元。

女儿说："妈妈，你再给我买个存钱罐吧，我的零用钱，现在这个存钱罐快放不下了。"

听了女儿的话，我欣然同意。

不仅是我的女儿，任何一个孩子都希望被认可，于是在他们幼小的心灵中会认为应该要按照父母和老师的要求去做，这个时候，不管是父母还是老师，都要发自内心地对认真执行规则的孩子进行精神上的表扬或者适当的物质奖励。受到鼓舞后，孩子做事的积极性也会提高很多。

实际上，只要物质奖励得法，孩子就会明白：按规矩做事是有好处的，可以得到父母的赞美和鼓励，然后下次他们就会更乐意地按规矩做事了。事实也充分说明，恰当的物质奖励见效快，而且把握恰当的话，不仅会抑制孩子滋生虚荣心或者其他不良习性，还会让他们主动去改变，成为更好的自己。

有一首儿歌，歌词大意是："妈妈总是对我说，爸爸妈妈最爱我，我却总是不明白，爱是什么；爸爸总是对我说，爸爸妈妈最爱我，我却总是搞不懂，爱是什么；爱我你就陪陪我，爱我你就亲亲我，爱我你就夸夸我，爱我你就抱抱我……"不得不说，这首儿歌唱出了所有孩子内心最想对父母说的话。

父母对孩子的爱，不仅体现在满足他们衣食住行，更体现在教导他们懂规矩，成为受人尊敬的人；尤其对规则执行力强的孩子进行表扬和鼓励，更是一种直接体现父母爱的方式，当然，这种表扬和鼓励不只是物质方面的，还包括精神方面的。如果你说不出一些感谢或者表扬孩子的话，那不妨用一个亲吻、一个微笑、一个拥抱来代替，别看是一个简单的举动，也足以让孩子深深感受到父母的爱。

我曾经看过一本绘本，是关于拥抱的。虽然这本书只有10幅场景图，文字不多，但画面却意味深长。

第一幅图是：

小姑娘放学回来，妈妈热情地拥抱她。

第二幅图是：

小姑娘早上按时起床，妈妈又给了她一个大大的拥抱。

第三幅图是：

小姑娘帮着收拾碗筷，爸爸给了她一个拥抱。

……

在我看来，第一幅图意味着小姑娘结束了这一天的学校生活，而且在学校守规矩，过得很开心，放学回到家后，妈妈对她的表现进行赞美；第二幅图意味着小姑娘很好地遵守了按时起床的规矩，妈妈又用拥抱的形式表扬了她；第三幅图意味着小姑娘在家里帮助父母干一些自己力所能及的事情，并且能够很好地遵守约定，于是爸爸为她对规定的履行进行表扬……

值得说明的一点是，这里的画面中不仅出现了妈妈，还出现了爸爸，就是提醒我们，爸爸们不要被大男子主义所挟持，适当的时候也要向孩子表达自己的父爱，哪怕是一个看似简单的拥抱，实则饱含着父母内心对孩子执行力的认可和满满的爱。

无数的社会实例向我们证明，当孩子有优秀表现的时候，家长不要吝啬自己的夸奖和鼓励，有时还要适当地给孩子一些奖励，只有这样，孩子才乐意去遵守那些规矩。

不要做一个"坏榜样"

妈妈情绪不好，是一件很严重的事。在很多家庭中，妈妈一般处于一个比较中心的位置。妈妈一旦情绪出了问题，就犹如在家中放置了一个传染源，全家人的情绪都会受到影响。尤其是孩子，他总是时时刻刻想与妈妈亲近，所以他将会成为受到妈妈情绪感染最严重的那一个。

很多妈妈都有这样的感觉，在某些时刻，孩子会做出一些让自己觉得似曾相识的事来。

一位妈妈在打扫卫生，孩子自己在一边和玩偶玩耍。忽然妈妈听见孩子对玩偶说："现在我很忙，你要乖乖的。"

妈妈刚想笑一下，却听见孩子忽然变了语气说："你为什么要哭呢？有什么好哭的？我不是说我很忙了吗？你再哭就打你屁股！"

她有些呆住了，停下了手里的事情，继续看着孩子，看他最终有了一个结语："不哭才是乖孩子，我就不吼你了。"

几乎不用思考，她就想到了这个让她熟悉的画面。她也曾经这样对待孩子，一模一样，从内容到语气，孩子学得可真是惟妙惟肖。

这还算是一位理智的妈妈，她意识到了自己给孩子做了个坏榜样。而还有一部分妈妈则恰恰相反，她们并不觉得自己做了坏榜样，反而又去抱怨孩子了。

"谁让你学这个的？"言下之意，我可以说，但你不能学。

"好的你记不住，你就知道学这些东西。"难道你不知道这样做不好吗？

"别玩了，也不看看书，人家别的小朋友都会背好多诗了！"这则是要转移话题，也一样是要时刻体现妈妈的权威。

但不管是理智的还是不理智的，我们都不能否认的一个事实就是，如果我们情绪不好，如果我们总对着孩子吼叫，那么终有一天，孩子也将在潜移默化中将这个习惯"移植"到自己的身上，然后继续"发扬光大"。

总有妈妈对自己的情绪是一种"时刻放飞自我"的状态，并很不以为意地为自己开脱："我就是这么个暴脾气。"但孩子并不喜欢这个暴脾气，而且他因为你的影响，也将学会对自己情绪的"放飞"。

　　有些妈妈认为，我可以发脾气，孩子不行，反正孩子只要闹脾气，我就要阻止他吼叫，他总不会再学坏了吧！

　　这种想法真是太天真了。你以暴制暴的样子，会深深地印在孩子的脑海里，他并不是只从你这一次的情绪变化中学到了你的样子，他是每次都在"学习"。你觉得他闹情绪不对，但你却又用暴脾气来阻止他，他的情绪就始终无处发泄，这种长久的压抑，最终导致的结果只有两个，"不在沉默中爆发，就在沉默中灭亡"，你觉得你能接受哪一种结果呢？

　　而且妈妈更不应该有双重标准，凭什么我们可以发怒而孩子不行呢？当我们不能好好约束自我的时候，就不要再想着去管教他人了，对孩子的管教就更是无效的。"己所不欲，勿施于人"，这是需要我们用心体会的至理名言。

　　所以，要好好管理一下自己的情绪，因为你的身边时刻都有一双眼睛，他会一直盯着你，看着你的一言一行，就算不当面学，也会因为印刻了你的言行而在日后不自觉地发挥出来。尤其是遇到一些与你的吼叫原因相类似的事情时，没有学到怎么处理情绪的他，只能选择复制粘贴你当时的吼叫表现，来让自己的情绪发泄出去。

　　妈妈要学着掌控情绪，别任性地"放飞自我"，那不是你洒脱的表现，而是不负责任的表现，也是不成熟的表现。

　　还好，现在面对的是幼儿期的孩子，我们还有机会和时间去及时改正，坏榜样也是可以成好榜样的。就算为了孩子，你也要收敛一下，让自己变得成熟起来，不断提升自控力，并把自控的方法、理性的思维也教给孩子，使他们健康快乐地成长。

以身作则，身教比言传更重要

被誉为"德国教师的教师"的著名教育家第斯多惠曾说："只有当你不断地致力于自我教育的时候，你才能教育别人。"我国古代教育家孔子也说："欲教子，先正其身。"孩子刚出生，都是纯真无邪的，父母日常的一举一动都会给他们留下深刻的印象，然后"习于善则善，习于恶则恶"。假如父母懒得学习、懒得动脑，即便说再多的"要好好学习，善于思考"，也不会对孩子起到作用。

老公的一个同事叫李强，平时喜欢抽烟喝酒，平均每天两盒烟、三两酒，而且不管什么样的聚会，每次就属他抽得多、喝得多。为了他的健康，亲朋好友都劝他少抽烟、少喝酒，可他根本不听劝。在家的时候，他给儿子定了个规矩，不准儿子抽烟喝酒，说他年龄小，抽烟喝酒会影响他的身体发育。

李强的儿子今年上初三，马上就要面临中考，学习压力自不必说。有一次，可能是为了缓解压力，他放学后偷偷地跟同学在外面抽了烟，回到家，李强的妻子在给儿子洗衣服的时候，发现他衣服上有烟味。

晚上，李强的妻子告诉了李强。没想到李强一听就火了，大声指责儿子，并跟儿子大吵了一架。儿子反驳他说："你不让我抽烟喝酒，你自己不也天天离不了它们吗？你连自己都管不住，凭什么管我？再说，我就今天抽了一根，又不是犯了什么十恶不赦的大错，你至于发这么大火吗？"

为了不让儿子误入歧途，夫妻俩进行了一次深入的沟通，幸好李强还算是个明白人，为了儿子的前途，他向妻子保证戒酒戒烟。

有一次，李强来我家找我老公，聊天时他说已经戒了烟和酒。听他这么一说，我着实感到吃惊。可是，他却说出了这样一句话："如果就我一个人，抽喝也就无所谓了，可是我还有老婆孩子，我确实不能不替他们着想。尤其是我儿子，我必须为他做个好榜样。"

一向嗜酒的李强为了儿子、为了家庭下决心改变自己，并且他成功地做到了，他的做法确实值得每个父母学习。

孩子会模仿父母的一言一行和一举一动，所以要想让孩子守规矩，身为父母的我们就应该依规矩来做，比如按时作息，保持卫生习惯等，只有父母先做到了，孩子才有可能做到；如果连父母都做不到，那他们的孩子就不可能做到。

我有个同学叫周霞，虽然长相普通，但却非常爱美，也很有个性，不是今天戴个假发，就是明天做个夸张的美甲。

记得上大学的时候，有一次她竟然画了一张僵尸脸，把我们一帮同学都吓坏了。可是，自从她生了女儿之后，就完全变了个样。

2008年周霞的女儿出生以后，她便将化妆搞怪的东西统统扔掉了，说要给自己的女儿做个好榜样。周霞是这样说的，也是这样做的。现在她的女儿已经9周岁了，在这期间，周霞从来都没有画过浓妆，更不用说什么熊猫眼、僵尸妆之类的了。

我问她，为什么转变这么大呢？她回答说："父母的形象会影响孩子一辈子，我想把自己最好的一面展现给女儿，让她健健康康地成长。"

多么伟大的母亲，多么伟大的母爱！为了自己的孩子，周霞努力地改变着自己，竟然实现了180度的人生大转变。

对于孩子来说，他们深受自己父母的影响，比如生活习惯、兴趣爱好、饮食习惯等，在孩子未成年之前，他们都会参考父母的言行来做。如果父母展现给孩子的是好的一面，那么孩子就会从父母这里接收到积极的信息；如果父母的生活浑浑噩噩，那么孩子就会接收到负面的信息。两种不同的参照物，必然会对孩子造成完全相反的影响。

为了引导女儿不乱穿马路，每次我带她出门过路口时，都会提醒她："红灯亮了，我们等变成绿灯时再过去。""看到有人闯红灯，你千万不要跟着学。""过马路的时候，如果走到路中间，发现绿灯变成黄灯了，就要抓紧时间快走几步。"……女儿每次跟奶奶一起出门的时候，总会把我对她的叮嘱记在心上，并提醒奶奶遵守交通规则，注意安全。

为了避免女儿出现晚上躺在床上睡不着的情况，我告诉她："晚上 8 点以后不能看电视、玩游戏。""躺在床上的时候，不要没完没了地想白天发生的有趣的事，可以洗个热水澡，睡前翻看自己喜欢的书。"如此叮嘱一番，女儿渐渐养成了良好的睡眠习惯。

为了让女儿懂得谦让，我会叮嘱她："有好吃的，如果身边有老人，要先让给老人吃。""有好玩的，要懂得分享，和小朋友一起玩。"……后来，无论是大人还是孩子，都非常喜欢我女儿，夸她是个懂事、有礼貌的好孩子。

当然，在要求女儿这样做的时候，我跟丈夫也起到了很好的榜样作用。

身为父母，一定要经常跟自己的孩子讲规矩的重要性，让他们知道，无规矩不成方圆，只有懂规矩、守规矩，才能更好地生活。如果说一次，孩子听不进去，那就反复地引导。说一百句，孩子能听进去一句，就是成功的。

所以，为了培养孩子的规则意识，父母要从自身做起，并不断地完善自己，争取给孩子树立一个良好的榜样。

家长如何做好表率

我国传统家庭教育观念是以父母为主体，父母具有权威性，因此更多的是父母向孩子说教，让孩子照着父母的意思做事。随着社会的进步和发展，教育理念也不断更新、完善，如今的家庭教育观念更侧重于父母的言传身教，即父母既要给孩子讲道理，又要起到榜样和示范的作用，二者缺一不可，而且身教比言传更加重要。

洋洋从小活泼好动，说话做事还喜欢模仿大人。看到妈妈打扫房间，她总会抢着干，虽然扫完地后地面上还是有灰尘、桌子擦得也不是特别干净，但是看着她帮忙干活的样子，妈妈十分开心。

星期天，妈妈带着洋洋去外婆家吃饭。饭后，妈妈对洋洋说："外婆年纪大了，你帮妈妈一起收拾桌子、洗碗吧。"听了妈妈的话，洋洋爽快地答应了。于是妈妈找来围裙给她系上，洋洋像模像样地挽起袖子收拾碗筷。妈妈告诉她，盘子碗容易碎，万一摔碎了容易伤到自己，于是教她怎么收拾桌子更省时省力，然后又教她怎样才能把碗洗干净。虽然收拾的时间花费了半个多小时，但经过洋洋的努力，盘子和碗终于被她洗得干干净净的了。妈妈开心地冲洋洋伸出了大拇指，表扬了她一番。洋洋受到鼓舞，以后只要有机会，就主动要求洗碗。

有一次我带女儿去公园玩，女儿自己玩自己的，我则打算去广场旁边的凉亭里看会儿书。刚坐下，正好她们母女俩走过来，只见洋洋快跑几步，将小书包放到椅子上，然后从书包里掏出卫生纸，认真地擦了几下，然后再让妈妈坐下休息。我跟洋洋妈打招呼，告诉她很少有孩子像洋洋这样懂得给妈妈擦座位的。洋洋妈笑着说："我没给她提过这样的要求，是有一次我带着她和她奶奶过来玩，她看到我给她奶奶擦座位，于是就记在心里了。"

父母是孩子的第一任老师。父母的一言一行，时时刻刻都在影响着孩子，并在他们的内心印上了很深的烙印。如果想让自己的孩子品行端正，举止有礼，爱学习，爱劳动，父母首先要从自身做起，除了说教外，还应该切实做到遵守各项生活规则并严格执行，给孩子起到示范作用。

表姐8年前跟丈夫离婚，她的女儿苹苹当时只有8岁，虽说如今苹苹已经16岁了，但却变成了一个问题少女，抽烟喝酒不说，高一就退学了，之后一直在社会上瞎混。

　　小时候，苹苹其实是个十分乖巧的孩子，聪明活泼，学习成绩也不错。但是表姐离婚后的这几年，亲戚朋友再提起苹苹的时候，都会说苹苹的学习成绩越来越差；变得越来越没礼貌，见面之后总是爱理不理的，就像没看到一样……

　　一次，我在商场遇到了苹苹和表姐。我跟表姐打招呼："苹苹也来逛街？怎么没去上课？"

　　表姐说："我给她请了半天假。"然后，表姐扭头对苹苹说："快叫姑姑呀。"谁知，苹苹把头扭向一边，一副不屑一顾的样子。

　　我看到表姐脸色有些不好了，急忙说道："没关系，叫不叫，我不都是她姑姑嘛。"

　　表姐说："哎，这孩子，越来越不听话了。"

　　这时候，苹苹不耐烦地说："逛街也唠叨，能不能让人清净一会儿？烦死了！"

　　虽然苹苹给我的感觉特别不好，可我还是劝表姐别生气。

　　面对来自生活的压力，很多父母都忙着应酬，忙着工作，忙着挣钱……疏于对孩子进行管教，于是出现了很多像苹苹一样的女孩儿。等到发现孩子出了问题再管，就无力挽回了。

　　不得不说，孩子不听话、没规矩，都是父母一手造成的。确切来说，是很多父母没有尽到自己的职责，无法满足孩子对爱的需求。不管是男孩儿还是女孩儿，只要在家庭中没有得到父母的关怀和教育，就一定会出现问题。所以说，父母的管教对孩子的一生有着不可磨灭的作用，尤其是在规则意识培养的过程中，孩子更需要家长的指引和教导。

在物理学知识中，有个重要的概念，那就是"参照物"。一旦孩子将父母当作"参照物"，他们就会从父母身上一点点地学习，一点点地改进。在执行父母要求的过程中，他们也会认真观察父母，如果父母也是按照规则要求来做的，那么他们多半都会认真执行；如果父母说一套做一套，嘴上要求孩子守规矩，行动却跟不上节奏，又如何让孩子信服？

尤其重要的是，如果孩子本来想按照父母的要求去做，但看到父母不在乎的样子，就很可能对规则不重视，自然不会按照规则行事了。所以说，家长只有做好表率，孩子才会重视规矩，并按照规矩来做事。

父母不守规矩，凭什么要求孩子

任何事情的完成，从来不是靠一个人的努力就能够完成的，这也是教导孩子遵守集体规则、有团队意识的原因。对于孩子执行规则来说，同样也不能单单靠孩子一个人就能实现，除了提高主动性外，父母或家人还需要积极配合。

刘艺是幼儿园中班的小朋友，刘艺的爸爸有个习惯，那就是每天晚上一到 7 点就会打开电视看《新闻联播》。这个时间段往往全家人在一起吃饭，久而久之，刘艺就养成了一吃饭就要看电视的习惯。

科学证明，吃饭的时候如果注意力不集中，一边吃一边看电视、看书、玩游戏等，不仅会养成注意力分散的坏习惯，还很容易引起消化不良、营养吸收差、食欲下降等问题。

这不，这些症状开始逐渐在刘艺身上体现出来。他只要吃饭就会去开电视，一边吃一边看，总因为看电视而忘记了吃饭，偶尔还向爸爸妈妈解说一下。一顿饭下来，他总要耗费半个多小时，每次饭桌都只剩他一个人。而且妈妈发现最近刘艺不仅学习成绩下滑，饭量也小了，宁可看电视也不吃饭。看着日渐消瘦的儿子，有好几次，刘艺的妈妈实在无法忍受，冲他发了一通火。可是，刘艺只坚持了两天，第三天又开始一边吃饭一边看电视了。

最后，一家三口针对刘艺的情况开了一次家庭会议。经过一番讨论，决定今后吃饭谁都不看电视，如果实在想看电视，可以选择提前吃饭或看完再吃，但要严格遵守看电视的时间规定，不能违规。大家互相监督，渐渐地，刘艺改掉了吃饭看电视的坏习惯，学习成绩和体重都有了回升。

不管是谁，都不希望自己完全受控于人，没有丝毫的自主权，哪怕是未成年的孩子，也会为争夺自主权而向父母抗议，所以在要求孩子遵守规矩的时候，父母不能置身事外，必要时要参与进来。

这里还须指出一点，父母一定要清楚，1 岁后的孩子自主意识逐渐增强，因此要想让他们愉快地遵守并执行规则，千万不能苛刻到让他们有窒息感。上述案例中，假如只用不允许吃饭看电视的规矩约束刘艺一个人，他势必很难做到，而全家人一起遵守这个规定，并且互相监督，才能真正达到预期的效果。

在我国，不少父母信奉对孩子的教育要耳提面命，可实际上，耳提面命对孩子的影响远不如以身作则，潜移默化。对于制订的规矩，如果父母都严格遵守了，孩子也一定会看在眼里、记在心上；反之，如果父母都没有规则意识，孩子就会觉得，凭什么只让我自己守规矩啊？难道就因为我年龄小，必须听你们的吗？这根本就是不公平的！

规矩既然是全家人一起定的，执行过程中就不能以任何理由拒绝或违背，并且要执行到底，其间出现任何问题就随时提出来，然后大家一起协商，想办法解决，保证规矩也能做到与时俱进、不断成熟和完善，防止变成一纸空文。

全家人互相监督，能够有效保证生活规则的贯彻和执行。不管是父母还是孩子，不管是有心还是无意，只要发现谁破坏了规则，就要接受相应的惩罚，这么做的目的就是让孩子明白：规矩面前，人人平等。

女儿4岁多的时候，有一段时间脾气特别大，总是一不遂她的意就发火，甚至动手打人。我跟丈夫意识到这个问题后，想办法让女儿懂得控制自己的情绪。商量过后，我从网上下单，买了几本关于婴幼儿自我情绪管理的绘本和一个小熊计时器。第二天下午3点多的时候，快递送货上门，女儿以为是给她买的好吃的，于是迫不及待让我给她打开。我告诉她，等会儿爸爸下班回来，我们一起打开看里边有什么。

过了两个多小时之后，丈夫开门进来，还没来得及换鞋，就被女儿硬拉着去拆包裹。打开后，女儿看到是绘本和小熊计时器，情绪有点失落。于是，我趁机告诉女儿："你不再是小宝宝，一天天长大，是大姑娘了，而且这么漂亮的姑娘总是发脾气、打人，今后就没有人会喜欢你了。所以，我们想了个办法，以后如果你还是不能够控制自己，发脾气了，就找个地方坐下来，给计时器设定5分钟的时间，看这些绘本，直到坏脾气消散了。"

女儿看着我，说："之前妈妈也冲我发过脾气，为什么我就不能发脾气呢？"

丈夫抱过女儿，亲了亲她的小脸蛋："你个鬼丫头，从今以后我跟妈妈一样，如果发脾气了，你提醒我们一下，我们也定时间，静下来看书，行了吧？"

女儿做了个鬼脸，又说："我是小朋友，你们给我定5分钟；你跟妈妈是大人，你们定15分钟！"

我故作为难地说："15分钟啊？时间有点长哦？那我们看完绘本之后，能不能找自己喜欢的书看呢？"

女儿一副小大人的样子，说："好吧！"

接着，我们找来一张黄色的彩纸，用女儿的红色彩笔，把这个不准发脾气、发脾气之后要接受惩罚的规则写下来，贴在书架旁边的墙上，而且约定我们三个人互相监督，不管是谁发脾气了，就及时指出来，然后接受惩罚。

家人互相监督是一件非常有意思的事，虽然我们三个人都出现过违规现象，但都自愿接受惩罚。最令我跟丈夫高兴的是，女儿从此不仅能够很好地管理自己的情绪，还养成了阅读的好习惯。

父母对孩子的影响深远，如果想纠正孩子的行为，除了给他们制订规矩，还要反思自己、纠正自己。如果父母自己都做不好，就不要试图让孩子照你说的做了。

做个好父母，不如做个好老师

孩子年龄小，社会经历自然就少，这种情况下，要想提高孩子的规则执行力，就要对他们进行一定的引导——提醒或者告知他们需要注意的事项，鼓励他们懂规则、遵守规则，并能执行和坚持下去，直至养成一种好的习惯。

刚去幼儿园没几天，有一次喆喆放学回来跟妈妈说："我不想去幼儿园了，因为小朋友们都不愿意和我一起玩。"

看着孩子一脸的委屈，喆喆妈急忙打电话给喆喆的班主任，向她了解情况。原来，老师在组织小朋友们一起唱歌，或者给大家听故事的过程中，喆喆总是突然站起来，要么在班里转着圈地跑，嘴里还不时发出阵阵怪叫，要么不停地拍打地面，根本不听老师的话，活动也总会因为喆喆的吵闹而中断，其他小朋友都不高兴，于是就渐渐疏远他了。喆喆觉察到小朋友们对他的态度，也变得闷闷不乐。

喆喆妈感到很不解，毕竟上幼儿园之前喆喆参加过亲子早教班。没想到幼儿园老师告诉喆喆妈，可能是因为之前亲子早教班的教育方式跟幼儿园不同，亲子早教班只注重培养孩子的兴趣、爱好、动手动脑等方面，忽略了对他们进行规则意识的引导，以致喆喆一时半会儿不能适应幼儿园的集体生活。

了解到这一情况之后，喆喆妈开始细心研究，并把规则分类，按照不同的规则告诉喆喆需要如何来遵守。经过一个月的努力，喆喆终于适应了幼儿园的集体生活，其他小朋友也开始转变之前对喆喆的看法，渐渐都喜欢跟他一起玩了，而且喆喆再也没有说过不去幼儿园之类的话了。

现如今，越来越多 0 ~ 3 岁的孩子，只要家庭条件允许，父母都会选择送他们去参加亲子早教班，希望自己的孩子能赢在起跑线上。通过上述案例，我们会发现，尽管喆喆上过亲子早教班，但是缺乏集体规则意识，以至于他初上幼儿园时不合群，让老师头疼，也不受小朋友们的喜欢。可喜的是，喆喆妈发现这一问题后，及时对孩子进行引导，经过一段时间，喆喆最终发生了改变。

学龄前的孩子喜欢用力拍打桌子、地面，是他们探索世界的一种方法；进入幼儿园后，老师会教给孩子更加丰富的探求世界的方法，比如给他们讲故事、教他们画画、引导他们参加集体活动等。或许很多家长认为孩子还小，什么都不懂。其实不然，别看他们年龄小，学习力却是很强的，只要将正确的方法教给他们，他们一般都会接受，并且经过一段时间的重复训练，自然就可以养成好习惯。有些孩子看起来行为比较出格，是因为他们不知道什么是对的什么是错的，这时候，父母要做的就是引导他们按照一定的行为准则去做事。

父母对孩子的影响是巨大的，如果想最大化地发挥自己的作用，就要在日常生活中严格要求自己。孩子受到耳濡目染，自然就会信赖和尊敬自己的父母。

我的高中同学王倩在一所中学教语文课，同时兼任班主任。在我的印象中，她是一个对自己严格要求的人。上高中的时候，她每次做完作业之后，都要认认真真地从头到尾检查一遍，所以她的学习成绩从来都是班里前五名；而且我记得当时她总是把课桌上的书本摆放得整整齐齐的。

一次高中同学聚会，大家闲聊时，她告诉我们，她每天早上6点半准时到校，然后跟学生们一起晨读；每天除了上课、备课外，她还会抽时间看报纸、读书。如果时间充裕的话，她还会绕着操场跑上半个小时；每天晚饭只吃蔬菜不吃荤……

后来，我从其他同学的口中，得知王倩的女儿小颖比我女儿大一岁，也在上小学。小颖深受王倩的影响，每天早上6点起床，洗漱，吃过早饭后，她就自己在书桌前预习功课，到了上学的时间，她爸爸先送她去上学，然后再去上班；下午放学回家后，小颖先是复习当天老师讲的知识，在全都掌握之后，才开始做作业；晚上 8 点半准时上床睡觉，保证充足的睡眠时间。

由此不难发现，父母的身教比言传更容易潜移默化地影响自己的孩子。所以说，在培养孩子规矩意识的时候，父母一定要说到做到，并严格要求自己，尤其是在给孩子制订规矩之后，父母只有按照规矩行事，孩子才没理由违背规矩。

如果你还沉浸在传统的旧式家庭教育观念中，请从现在开始调整，因为你的一点点改变，就有可能换来孩子百分之百的优秀。

家庭和谐，最能培养出好孩子

美国文学家德莱塞说过："和睦的家庭空气是世上的一种花朵，没有东西比它更温柔，没有东西比它更优美，没有东西比它更适宜于把一家人的天性培养得坚强、正直。"对一个家庭来说，孩子需要这种和睦的家庭空气。

孩子是父母爱情的结晶，胎儿带着父母的爱呱呱坠地，来到人间，他是那么弱小，需要父母小心呵护，需要父母给予更多的爱来赋予安全感。可以说，安全感是影响婴幼儿成长的最重要的因素，尽管其他因素也会危害安全感，但最大的危害还是夫妻不和或离异。生活在这种家庭中的孩子，他的童年将留下难以磨灭的痛苦印记，这将影响他的一生。这种说法可能有些夸大其词，但是许多案例表明，问题儿童的父母关系往往不理想。

孩子是天生的学习者，他们从一出生就在观察、认识、学习，而观察、学习的对象主要是父母。父母的一言一行都将成为孩子模仿的对象。俗话说："近朱者赤，近墨者黑。"如果夫妻关系和谐，孩子将学会如何与别人良性互动，如何正确地解决矛盾和冲突；如果夫妻不和，孩子学会更多的是一些负面的处理矛盾和冲突的方式，比如恶语相向，甚至动手攻击别人。

现代社会，许多夫妻都承受着来自各方面的压力，遇到不顺心的事情时，一言不合就上升为激烈的争吵。殊不知，他们过足了"嘴"瘾，却给孩子带来了巨大的负面影响。

来自加拿大、英国和意大利的一些研究人员专门就"夫妻吵架对孩子的影响"这一主题做了一个观察实验，他们选了一些 1 岁半到 2 岁的婴幼儿作为观察的对象。他们让这些孩子和父母在房间里玩耍，同时找两个人当托，在房间的另一头，刚开始正常交谈，不一会儿，他们交谈的声音越来越大，像是在激烈的争吵。

他们通过观察发现，当大人们用正常的语调聊天时，对孩子几乎没有任何影响，孩子们还在专注地玩着游戏。可是一旦大人的聊天变为激烈的争吵，孩子们马上就会停止说笑和正在玩的游戏，满脸惊恐地看向正在争吵的两人。即使两个人恢复正常的交谈，孩子们也不能再像一开始那样开心地玩耍了。

夫妻吵架对孩子来说是一种心灵上的摧残，对孩子影响很大。调查结果显示，85% 的孩子最害怕父母吵架。当父母在孩子面前争吵时，孩子常常感到紧张不安、恐慌，手足无措，非常无助。如果夫妻不和，经常吵架，孩子很容易变得自卑，做事畏首畏尾，与人交往时不主动、没有自信，很难信任别人，很有可能出现人际交往障碍。

而良好和谐的家庭氛围，有助孩子养成良好的性格，让他们懂得谦让，有感恩之心，对人、对事宽容，并且乐于助人，这些都会使他成为一个受人欢迎的人，使他在人际交往中游刃有余。

因此，父母应给孩子提供一个温馨和谐的家庭环境。那么，要做到这些，父母在日常生活中要注意什么呢？

首先，夫妻应该互相尊重。夫妻不仅需要感情来维系，有时候也需要理智来约束。当夫妻出现意见分歧的时候，两个人最好坦诚相待，彼此说出自己的想法和感受，这有助于站在对方的角度来考虑问题，然后双方一起寻找解决问题的方法，达成一致的意见。

其次，要正确看待和处理夫妻矛盾。夫妻吵架再正常不过，关键是要注意将对孩子的影响降至最低。假如夫妻双方忍无可忍不吵不快，那就请关紧房门，压低声音，偷偷地吵，或换个孩子不在的地方吵架，或者让孩子暂时离开，切记不要在孩子面前争吵。

再次，夫妻要保持新鲜感。在日常生活中，夫妻双方应不断寻求新的关注点，而不是将精力仅仅放在工作、干家务、带孩子上。夫妻两人应有各自的兴趣爱好和朋友圈，从而能够带来新话题，给夫妻间的爱情注入新鲜血液。在教育子女的问题上，夫妻要关注一些新的教育理念，多研究一些养儿育女之道，共同教育孩子。

最后，和孩子一起，开展丰富多彩的活动。大家一起开展丰富多彩的活动，不仅能增进与孩子的感情，夫妻感情也能升温。有空的时候，一家人在一起做一顿可口的饭菜，一起打扫、整理房间，一起庆祝节日、家人生日，一起走亲、访友，一起郊游、参观……在大家共同参与的活动中，一家人互相了解、互相磨合，一起进步、一起成长，这样，良好的家庭氛围自然就形成了。

第3章

了解孩子，规矩才能被接纳

充分准备，教育是场持久战

很多父母都明白给孩子立规矩的好处和重要性，却忽视了孩子的规矩意识并不是短时间内就能养成的，因此在孩子的规矩意识形成之前，需要认真准备，长期坚持。事实证明，随便给孩子立下的规矩，最终都会不了了之。

细节决定成败，在给孩子立规矩前，要搜集资料、全方位思考，绝对不能现炒现卖，更不能在网上随意扒一篇文章，照抄照搬。

有一个 5 岁的小姑娘，非常聪明，活泼好动，但是吃饭的时候总挑食，有她喜欢吃的就吃几口，不喜欢吃的一口都不吃。在幼儿园的时候也是这样，幼儿园老师打了好几次电话给女孩儿的妈妈反映。女孩儿的妈妈想尽办法试图改掉女儿这个坏习惯，可是一点儿都不管用，最后只能向孩子的爸爸求助。

"能有什么办法让孩子不挑食呢？"孩子的爸爸绞尽脑汁，决定要给孩子立规矩。于是，他做了很多准备工作。

这位父亲到底是怎么做的呢？通过上网咨询关于孩子挑食的问题，以及长时间的反复斟酌，他和妻子达成一致，给孩子定下了切实可行的规矩，内容是这样的：

每天早餐准备两三种食物，让孩子自己选择。首先，一定要选择其中的一样；其次，要在规定的时间内吃完，然后再送她去上幼儿园。如果在规定的时间内什么都不吃，就只能饿着肚子去幼儿园了。当然，孩子的爸爸已经跟幼儿园的老师说好，如果孩子不吃早饭饿着肚子去幼儿园，不管她怎么跟老师要吃的，老师都不能给她。

孩子尝试了两次不吃早饭后，知道父母给她定的规矩是不可能被破坏的，不吃饭就真的会饿肚子。于是，渐渐地，每天的早餐无论是什么，她都会吃饱后再去上幼儿园，而且也不再像之前那样挑食了。

这位父亲可真是用心良苦，考虑得十分全面，不但立了规矩，也想清楚了应该怎样才能保证规矩的有效执行。如果他没有跟妻子以及幼儿园老师在执行方法上达成一致，妻子或者幼儿园老师很可能因为心疼孩子而破坏已定的规矩，久而久之，还是无法改正孩子挑食的毛病。可见，只有做了充分的准备，才能按既定规划进行，否则，就会差错不断，即使拥有强悍的能力，也可能和成功失之交臂。

幼儿的成长，一般分为两个重要阶段：

第一个阶段是 1 ~ 7 岁的幼年期。这一时期的孩子主要任务是学规矩、懂道理、长知识，因此一定要让他们清楚地知道，什么事情能做，什么事情不能做。

第二个阶段是 8 ~ 12 岁的少年期。这段时间，虽然孩子的很多行为都处于模仿阶段，可是他们已经有了自己的思维，只不过没有发育完全罢了。

所以，给孩子立规矩出现了提前和事后的问题。提前给孩子立规矩，然后监督他们去执行，如果执行得不好，可以对他们进行引导，或者批评、指正；等看到孩子出现了问题之后才想起给孩子定规矩，虽然是亡羊补牢，但却可能会引起孩子的抵触，或者孩子会埋怨父母"为什么不早说"。

想想看，提前和事后立规矩，哪种效果更好？

一旦确立了规矩，还要给孩子创造一个良好的执行环境。比如，孩子不好好吃饭，家里就不要储备过多的零食，同时父母在家的时候，也应该做到准点吃饭、不挑食。此外，让孩子感受到规矩存在的氛围很重要。比如，带孩子去公共场合，让他们看看大家是怎么排队、怎样遵守公共场合的规矩的。

为了让女儿养成良好的阅读习惯，我经常会带她去图书馆或者书店。我们小区附近前两年新开了一个阅读屋，既可以免费阅读，也可以购买自己喜欢的书。没事的时候，我就会领着女儿过去看看。

　　这是一幢两层的小阁楼，一楼是儿童区，书架上摆放着各式各样的绘本、儿童读物；二楼是成人区，大多是文学、经济管理和社会科学类的书。无论什么时候到这里来，一楼都没有太大的声音。来了几次以后，女儿就喜欢上了这里。而且来的次数多了，女儿也知道了这里的规矩，于是每次过来看书的时候，从来不大声跟我说话，生怕影响别人。

　　孩子内心多多少少存在着一种攀比心理，看到别人怎样做，他就跟着怎样做，甚至希望自己做得比别人更好，并且很多时候即使没有刻意教他，他也能明白哪些做法不对、哪些做法正确。所以说，只要父母给孩子提供遵守规矩的环境，就会在潜移默化中给他们带来一种积极的影响。

　　环境在孩子成长过程中至关重要。父母把要求、规矩等跟孩子说千遍万遍，都不如将他带到特定的环境中去更有效果。

　　相较于成人来说，孩子的沟通能力差，甚至可以说他们没有沟通能力，所以在给他们明确规矩之前，一定要说明白规矩到底是什么。比如，想让孩子上学不迟到，就要告诉他几点睡觉，几点起床，起床后先做什么，再做什么……

　　2016年的寒假期间，我和丈夫打算带着女儿去桂林旅游。在出发之前，为了保证女儿的安全，找跟女儿详细说了这次旅行中的注意事项，比如出门在外，她一定要跟在我们的身边；坐火车时，如果没有什么事，就不要在车厢里来回走动；如果她饿了，就告诉我们，我们会给她拿东西吃；如果她渴了，就拿自己的杯子喝水；如果是想上厕所，则必须先跟我们说一声，由我们陪着她去；她不能在火车的车厢里大喊大叫，因为这样会打扰到别人；她可以和其他小朋友一起玩，但是要注意自身的安全……

说完这些后，我问她："刚才妈妈和你说的这些，你认为合理吗？"

女儿仔细想了一下，说："嗯，合理。如果妈妈不和我说这些，我们可能会在旅行中走散，或是影响到其他人。"

在和女儿说完旅行的要求和规矩之后，我问她还有没有什么问题需要补充。随后女儿提了一些问题，我对这些问题一一做了回答，比如，在游玩的时候，她能不能乘船？如果遇到她喜欢的东西，能不能买下来？爬山的时候，是否需要准备登山杖……

这些问题我们都协商好之后，逐项将它们列了出来，然后打印两份。由于我们提前制订好了出行准则，之后的桂林之旅避免了不少麻烦。

孩子在逐渐长大，而且他们越来越有独立自主的意识，家长在给他们订立规矩的时候，不妨多听听孩子们的想法，并尊重他们提出的意见。因为只有这样，制订出来的规矩才会被他们所接受，才能有效地执行下去。

而对于年龄偏大的孩子，他们往往能更加自由地表达自己的需求和情感，在给这个年龄段的孩子订立规矩之前，家长一定要多和孩子沟通与交流，更深层次地去了解孩子的内心需求，和他们一起商量着立下更符合他们实际情况的规矩，让他们去遵守。

孩子为何不守规矩

当今社会，独立成了社会的主旋律。许多女人在生了孩子以后依然活跃在职场上。于是，下面这一幕在一些家庭几乎天天上演。

每天早上，聪聪妈妈很早就起床，洗漱完毕，正好定的闹铃此刻响起来。

聪聪妈妈开始叫孩子起床："小懒虫，该起床了！"

聪聪翻个身，接着睡。

妈妈无奈，开始放一些音乐唤醒孩子。

孩子睡眼惺忪，迷迷糊糊地开始穿衣服。

看到孩子开始穿衣服，聪聪妈妈离开房间，开始整理自己的公文包，准备需要的文件。当把这一切都收拾完以后，她发现孩子穿完上衣又重新躺回去睡了，不禁火冒三丈，开始催促："快点，你这孩子，怎么还磨磨蹭蹭的？"

这时聪聪才开始穿裤子。

妈妈对她说："你先穿着，我去给你检查书包，不能落下东西。"

"好的。"聪聪点头答应。

当聪聪妈妈检查完书包，回来叫聪聪上学时，却看到聪聪趴在床上正津津有味地看着漫画书。她再也忍不住了，一把夺走聪聪手中的漫画书，对她吼道："你怎么还在看漫画书？快点洗脸刷牙去！"

聪聪哭着大喊："不嘛，我要看完这个故事！"

聪聪妈妈的脸都要被气绿了，她不由分说地拉着聪聪走进了洗漱室。

聪聪小声抽泣着，慢慢地刷牙洗脸。

看着聪聪委屈的模样，聪聪妈妈心里也不好受，她怎么也想不通："为什么孩子总是不听话？一而再再而三地挑战自己的底线？"

许多父母认为长幼有序，孩子就应该听父母的话，乖乖遵守父母制订的规矩。然而，孩子可不这么认为。也许正是因为父母有这样的心理，孩子才更加不听话，更喜欢跟父母唱反调。所以，父母要想让孩子遵守规矩，就必须给孩子一个充分的理由，而绝不是"我是长辈，你就要听我的"式的命令。

其实，孩子和你对着干，一定有他自己的原因。我们首先要找出这些原因，在定规矩的时候，避开这些因素，这样更有利于规矩的顺利执行。

一般来说，孩子做错事，通常有以下几个诱因：

第一，心理预期。一些著名的心理学家曾指出，行为的结果会直接决定这种行为是否会再次上演。就像前面提到的聪聪，如果她的母亲容忍她的磨磨蹭蹭，那么她就会一直赖在床上。所以，父母在执行规矩的时候，不要朝令夕改，让孩子钻了空子。

第二，心理准备不充分。管教孩子时，你的首要任务就是执行好规矩中的奖罚措施，即使孩子非常不听话，你也要保持冷静，不能自乱阵脚。因为孩子出现问题的时候，正是教育孩子的绝佳时机。你应该清楚孩子在什么情况下会出现抵触情绪，比如，当孩子玩得正开心时，你却让他去做其他事情；当孩子看电视或玩电子游戏时，你却让他去做作业；当孩子被迫去做一些他不愿去做的事情时，孩子出现一些抵触情绪是再正常不过的反应。只要对这些情况做好充分的思想准备，并事先想出一些恰当且可执行的应对措施就可以了。

第三，夫妻冲突。夫妻双方意见不统一，非常容易引发争吵，这在大多数家庭都会发生。但在教育孩子方面，夫妻二人应该有相同的教育理念，即使不一致，也不应当着孩子的面争吵，这会让孩子不知所措，不知该听谁的好。

第四，外界压力。除了家庭内部矛盾，许多家庭还要承受经济、亲戚等方面的压力，这些都容易让孩子产生消极的态度和行为。如果父母让孩子背负这样的压力，那对孩子的管教则是有百害而无一利的。

第五，父母对孩子的生活规划得不合理。父母在平时应合理安排孩子的家庭生活，孩子的日常生活越有规律，越协调，越明晰，孩子越不容易发脾气。大多数时候，孩子发脾气是因为一些事超出了他们的预料，他们事先没有一点心理准备，或者他们正玩得高兴的时候，让他们去做另外一件事。如果你能合理安排孩子的家庭生活，孩子知道什么时候该做什么事，他就会非常听话，按照约定的规矩来执行，因为合理的规划使他对即将要做的事情有充分的心理准备。

孩子一天天长大，也会越来越有主见，但是他们不懂得自我管理，有时候对一些自己不满意的意见和规定，也无法完整地表达出来，为了引起家长的注意，通常会采取诸如反抗、唱反调、不听话等方式表现出来。此时家长就应该找准问题对症下药，而不是一味把自己的想法强加给孩子而不顾孩子的感受。

教育孩子，先要了解孩子

纵观古今中外的历史，很多孩子的天赋之所以能被挖掘，都是因为他们的父母有着一双慧眼，能从他们的一些看似调皮捣蛋的行为中看到积极的一面，能以辩证的态度看待他们的行为，并挖掘出他们的潜能。

的确，表面看起来，孩子的一些行为是错误的、是要被批评的，似乎只有与之制订好规矩才能矫正，但同时我们也要看到这背后所隐藏的积极一面，如日本的宗一郎能像狗一样嗅车子漏下的汽油，牛顿在风暴中玩耍……他们表面上是在玩耍，甚至样子很可笑或行为有潜在危险，但他们的真正目的却是在尝试其他孩子没有兴趣尝试的东西。如果父母对其不理解并横加指责，也许会扼杀一个天才，这样岂不是很可惜？

对于孩子的行为，家长要这样来看待：

1. 解读孩子的行为

有位网友提到一件趣事："邻居家7岁的孩子被他爸爸打了，

原来这孩子不知道从哪里找来一只受伤的鸟，将鸟绑在了爆竹上，然后点火，最后鸟被炸死了。爸爸打完之后，才知道他的想法，他想把受伤的鸟送上蓝天……"

其实，不少家长在教育中也总是有这样的习惯：对于孩子的行为，自己没有理解，也没有努力去尝试理解，就把孩子的行为归为错误的。这是对孩子极不负责任的做法，在这样的教育下，孩子能有多大的发展呢？

因此，要善于解读孩子的行为。父母要明白的是，孩子的行为很多都是他对未知的一种探索，对有些事情孩子甚至比大人做起来更有技巧。父母通过解读孩子的行为，明白孩子行为的最初目的，这样便于运用适合孩子的教育方法，不至于因误解而阻碍孩子的成长。

2. 换位思考，挖掘出孩子行为背后的积极动机

法国儿童喜剧片《巴黎淘气帮》里有这样一群孩子：他们为了让妈妈高兴，就趁着妈妈不在家的时间，想把家里来个大扫除，结果把家里弄得一塌糊涂，沙发被划破了，地板被擦花了，甚至家里的小猫都不幸被扔进了洗衣机。其实不少家庭都发生过这样的事，孩子为了讨好大人，好心办了坏事，因为他们没有生活经验。此时，我们不能一味责备，而是应挖掘出孩子的积极动机并告诉他方法。

3. 从孩子的行为中开发其潜能

孩子看似一些调皮捣蛋的行为，其实正是他们与乖孩子的区别，也是他们具备某一潜能的体现。不少天才之所以能成功，就是因为他们的父亲或者母亲能看到他们行为后的潜能，知道哪些举止是天才诞生的开始，就有意识地支持孩子的行为，帮助他们开发潜能。

总之，父母要明白一个道理：正确解读孩子的行为，才便于更好地教育孩子，天才也就是这样教育成的。也就是说，如果我们能走进孩子的内心世界，真正了解孩子的行为，去引导，去鼓励，去帮助，去发现，孩子就能健康成长、顺利成才！

任何父母都希望孩子把自己当朋友，对自己倾吐成长中的烦恼与快乐，希望孩子能听话。然而，孩子越大越难管教，更别说给他们立规矩了，这是很多父母共同的感受。这是由什么造成的呢？其实，这并不是孩子的问题，而是我们的沟通方法存在问题。不少家长在沟通中端着家长的架子，甚至和孩子置气，孩子又怎么愿意与你沟通呢？因此，聪明的父母在给孩子立规矩前都会营造良好的氛围，让孩子把自己当朋友，这不仅有助于孩子接纳父母的规矩，对维持亲子间的良好关系也很有帮助。

小丫生活在一个幸福美满的家庭，家里经济条件优越。父母的文化程度虽然不高，但在教育子女方面还是有自己的一套方法，特别是她的妈妈，和她就像朋友似的。

小学时，小丫总喜欢把学校班里的事情告诉妈妈，和妈妈说悄悄话，家庭的民主氛围很浓郁。

这个周末的早上，妈妈决定带小丫出去郊游，就问小丫是不是穿那件牛仔裙。

没想到，小丫说："不穿。"

妈妈："你不是很喜欢这件牛仔裙吗？平时在学校没机会穿，上次不就说这次郊游就穿这件牛仔裙吗？"

"没什么，就是不想穿。"

小丫妈妈想，这孩子怎么一会儿一个样，但她想想，孩子可能有什么心事，于是，继续引导："怎么了，我的宝贝女儿，有什么不开心的事，可以跟妈妈说。"

"你别问了，反正我不穿这件。"妈妈看看女儿，女儿的眼里已经噙满了泪水，看来一定另有隐情。

"你知道吗，我的宝贝，你这样妈妈很担心，你一直很爱妈妈，对不对？你也不想看到妈妈为你担心，是吗？"

"好吧，妈妈，我问你，我是不是长得很丑？"

"怎么这么说，我女儿最美了，平时邻居看见也夸你漂亮呢。而且待人温和，还疼妈妈。"

听到妈妈这么说，小丫笑了，主动招出了前两天遇到的事："妈妈，我们班好几个女生说我是小胖妹，我知道，我不苗条，所以我不想穿裙子了！"

此时，妈妈没有说话，只是搂着伤心的女儿。过了会儿，妈妈说："小丫，妈妈想告诉你，我们每个人长得都不同，每个人眼里的美丑也不一样，并不是很瘦就好看。你比同龄的孩子高，所以看起来胖点，这没什么，而且现在是长身体的阶段，身体健康才是最重要的，女孩子要对自己有信心，你说对吗？"

小丫沉默了几分钟，从妈妈怀中站了起来，平静地说："谢谢妈妈听我说这些事，我们出发吧。"

从这个故事中，我们看到一对母女贴心的沟通过程。孩子不执行规矩、不听话，很有可能另有原因，父母需要去了解和沟通，而前提是我们应该营造良好的氛围，让孩子把我们当"自己人"，那么，我们该如何营造良好的立规矩氛围呢？

1. 语气应温和，态度友善

父母与孩子说话，最好避免用尖锐的语气和带有恐吓的语言，而应尽量对孩子微笑，用欢快、平和的语气与孩子沟通，这样才能让孩子感受到你的爱。

2. 多说"我"，少说"你"

为了能让孩子觉得你和他是站在同一战线、是为了他好，你在说话的时候，不要总说"你应该……"，而应常说"我会很担心的，如果你……"

3. 分享孩子的感受

无论孩子是向你报喜还是诉苦，你最好暂停手边的工作，静心倾听。假如忙不过来，也不能粗暴拒绝，应该及时做出反应，说出自己的想法或感受，如果只是应付了事，孩子感受不到你积极的态度，以后也就不会再与大人交流和分享感受了。

4. 多用身体语言

我们要让孩子感受到，无论什么情况，你都是爱他的，即使他做了错事。事实上，有时不说话，只利用身体语言，如微笑、拥抱或点头等，就可以让孩子知道你是多么疼他，不只是在他表现良好时。同时，与孩子身体接触，能拉近与孩子的距离，不难发现，有些父母只是在孩子很小的时候会亲孩子、抱孩子，孩子长大一点后便忽视了这一点。然而身体接触可以令孩子切身体会父母的关怀。当然，使用身体语言与孩子沟通也别忘了接纳孩子对你的爱意。

总之，在给孩子立规矩时营造良好的氛围，就是要让孩子知道父母是在意他的，愿意理解他的，能从他的角度去思考和解决问题的，是和他站在同一边的，这样孩子才愿意接纳我们的规矩和意见，并认真遵守。

规矩要适宜孩子的年龄

谁都不是圣人，都有自己的优点和缺点，孩子同样如此。不同年龄的孩子会表现出不同的特点，所以在给孩子制订规矩的时候，必须考虑孩子的年龄，以及他们具有怎样的心理特点与内心需求。只有对症下药的规矩，才能取得理想的效果。

去年春天的一个阳光明媚的周末，我跟女儿在小区空地上晒太阳。女儿跟小朋友们一起玩，我跟几个妈妈坐在一起聊天。

"小敏，别乱跑，你给我站住！"小敏跑来跑去，小敏妈吼她，可3岁的小敏根本不听她的。

小敏妈见孩子不听，更加大声地冲她喊道："你听到没有？再跑就撞到人了，就会被警察叔叔抓走！"小敏还是跟没听到一样，一直往前跑。

小敏妈十分生气，却一脸无奈，紧接着又弱弱地说："孩子，妈求你别跑了行吗？妈头都疼了！"然后她把头转过来，对我说："老师，你看，我姑娘就是这么淘气，我每天工作都累死了，她还不听话，我简直快要崩溃了。"

我对她说："让我试试吧。"

然后我抬头喊了小敏一声。特别有意思的是，我一喊她，她就停了下来，走到我身边。我看着她，她也看着我。然后，我伸手扶着她的肩膀，用温和可亲又十分坚定的语气问她："你为什么要跑呢？"

结果，她的答案让我深感意外："奥特曼。"不过，这个回答也让我彻底明白她为什么要跑了。

我问她："你想做奥特曼，是吗？"

小敏回答说："嗯。奥特曼就是跑的。"

我又问她："那奥特曼在家里的时候，是不是也要跑呢？"

小敏想了想，回答道："他在家的时候不跑。"

"这样，我们在外面的时候，就做跑起来的奥特曼；在家里的时候，就不跑了，好不好？"

小敏认真地看着我，说："好！"然后，她就去跟小朋友们玩了。我和小敏妈一边聊天，一边留意着小敏。发现现在她和小朋友一起玩的时候，不再像之前那么跑了，而且还不时看看我，每次她看我的时候，我都向她竖起大拇指，然后我们彼此笑一下。

旁边其他人，包括小敏妈在内，都感到非常惊讶，不明白为什么小敏这么容易就听我的话。

其实，并不完全是因为小敏认同了我的话，更主要的原因在于榜样的力量。小敏妈对小敏又是吼又是喊，即使声音再大，也无法成功吸引她的注意力。再有，小敏妈企图用责备和威胁来"控制"小敏，却正表现出了她的无力"控制"，小敏心里想的其实是："我不听话就赢了。"小敏妈放弃后，她就更觉得自己胜利了。

家中有个淘气的孩子，很多父母都会感到异常烦恼，所以，通过给孩子立规矩让他们逐渐懂得自律，并对自己的情绪、行为及态度负责。

当然，给孩子立规矩，还要注意一个不可忽视的前提，就是对孩子有一个全面的了解。让一个只有 5 岁的孩子每天背诵 30 个英语单词，肯定做不到；让一个 12 岁的孩子，每天问候老师好，对他来说似乎有点小儿科。所以说，制订的规矩，适合孩子的，才是最好的！

现实生活中，很多父母都信奉"知子莫若母"，觉得孩子是自己的，自己最了解。其实，大多时候不是孩子什么都不懂，而是父母什么都不了解。孩子的成长环境不同，导致他们会有自己的个性，如果想跟孩子心贴心，父母就要用心了解自己的孩子，发现他们的优点和缺点，并认真思考他们为什么会有这些缺点、怎样才能纠正，接下来再有针对性地给孩子立规矩。

不同年龄段的孩子，对事物的理解和接受程度是不同的。

八九岁的孩子可以轻松地理解"不能以大欺小"，可是对五六岁的孩子来说，理解起来就比较困难，因为生活中他们才是被欺负的对象。对于学龄前的孩子，要求他写一手漂亮的毛笔字，是根本不可能实现的；对于不善言谈的孩子，非得要求他当众表现积极，简直是难为他。

有两个男孩儿，哥哥亮亮 17 岁，弟弟林林 10 岁。弟弟林林的成绩好，而哥哥亮亮的成绩虽然也不错，但每次英语考试，亮亮都没有林林的分高。

妈妈很不高兴，问亮亮："你是怎么当哥哥的，英语成绩还不如弟弟？"

亮亮不满地说："他不就比我多了 5 分嘛。"

妈妈："5 分？你知道高考 5 分能落下多少人吗？"

亮亮："可我在我们班，英语成绩是最好的。"

妈妈："最好，也没有你弟弟分高，他可是满分。"

亮亮终于忍不住发怒了："你怎么不比比我们两个英语的学习难度呢？他们小学英语的难度怎么能跟我们高中英语的难度比呢？"

跟高中英语比起来，小学英语的难度的确是小巫见大巫。亮亮妈单纯看两个儿子的英语得分而武断地批评哥哥亮亮，并要求他英语也能考 100 分，确实有点儿不切实际。所以我总是强调，在给孩子制订规矩或提要求的时候，一定要结合孩子的实际情况，可以稍微高一点儿或者低一点儿，但高低的尺度要把握好，如果太离谱，结果就会跟最初的目的背道而驰。

了解孩子的方法有很多，可以跟孩子多聊天，也可以观察他们的言行举止。可是，如果你想真正了解孩子，一定要掌握一些儿童行为心理学，以及他们成长过程中的规律，找到跟他们沟通的正确方法，这样，以后给他们立规矩的时候就会相对顺畅、容易很多。

孩子不完美，你必须会接纳

曾看过一个视频，记者对几位妈妈和他们的孩子分别进行了采访。在采访过程中，记者将孩子和妈妈分别安排在不同的房间，妈妈能看到孩子，孩子却看不到妈妈。

记者首先采访孩子的妈妈，询问她们对孩子的看法，她们有的说："我家孩子太淘气了，经常惹我生气。"还有的说："不爱干净，整天把自己弄得像小花猫。"还有妈妈指出："孩子胆小，总是唯唯诺诺，怕这怕那。"总之，孩子们被贴上了"不听话""逆反""脆弱""怕吃苦""不懂感恩""懒惰""贪玩"等标签。然后记者请妈妈给孩子打分，满分 10 分，有的给孩子打 6 分，有的打 8 分，最少的还有打 5 分的，就是没有打满分的。

当记者去另一个房间询问孩子们对妈妈的印象时，他们歪着小脑袋，想了想，给妈妈们贴上了"温柔""爱我""给我做好吃的""给我买新衣服"等标签，也有的孩子觉得妈妈太严厉了，但是大多数孩子对妈妈的印象都非常好。当记者让孩子们给妈妈打分时，总分也是 10 分，孩子们用手比画一个"十"字，小嘴说出："10 分。"在另一个房间的妈妈们一个个看得泪流满面，她们没想到，自己对孩子那么挑剔，而自己在孩子们心中的形象却是这么完美。

看到这里，相信没有人不感动吧。尽管自己对孩子有诸多不满，孩子却是在无条件地爱着自己。那么，父母应该也能做到孩子这样吧。自己仍有许多缺点，更何况是孩子呢。

小美是一名初三的学生，学习成绩一直不错，父母希望她能够再接再厉，争取考上重点高中，所以，对小美的要求比以前严格了很多。他们要求小美每天放学后要准时回家，周末也很少让小美出去，总之，小美所有的活动都被限制在书房里。

处于青春期的小美本来就很叛逆，对于父母的安排当然不会满意，于是她故意不好好学，还时常逃课，和一个男孩子出去玩。父母得知这一情况后，与小美发生了激烈的冲突，从小到大爸爸都十分溺爱小美，唯有这次动手打了小美，致使父女关系降到了冰点，两人已经很久没有说过话了。

很多家长都会遇到小美这样的孩子，都会感到头疼。本来很好的孩子，现在变成这样，而且正处于升学的关键时期，能不着急上火吗？但是着急上火也不能与孩子发生激烈的冲突，尤其不能动手打孩子。青春期的孩子都十分叛逆，你越是这样做，越会激起他的反叛心理。

聪明的做法是接纳他，接受现实。因为要让孩子发生改变，并不是一蹴而就的事情，这需要一个过程，所以，在发生质变之前，我们唯一能做的就是接纳。当我们接纳他，接纳现状之后，心绪才能平静下来，进行理性思考。很多时候我们要做的不只是让孩子改变，更要改变自己，改变自己的认知，只有这样才能真正理解孩子，心平气和地去和孩子沟通、交流，解决孩子成长中的问题。

父母是孩子最亲近、最信任的人，如果连父母都无法接纳孩子、包容孩子，那么，孩子的自信又从哪里来？那么，父母如何做才是真正接纳孩子呢？

首先，尊重孩子的个性，冷静地看待孩子不尽如人意的地方。

每个孩子都是独一无二的个体，父母要尊重孩子的个性，冷静地看待孩子不尽如人意的地方，包括孩子的生理与心理。

其次，接纳孩子，就应该关注孩子的优点，永远给孩子积极的暗示。

强调关注孩子的优点，并不是说对孩子的缺点视而不见，而是认为孩子的任何一个缺点，我们都可以通过积极的暗示来纠正。

有一位聪明的父亲，在孩子上幼儿园后，每天放学回家都会问孩子三个问题：第一个问题是"今天学校里有什么好事发生？"第二个问题是"你今天有什么好的表现？"第三个问题是"你有什么需要我们帮助的吗？"

这位父亲说，通过询问第一个问题，我可以了解孩子的价值观，看他是如何判断好与坏的；问第二个问题是为了激励孩子，增强孩子的信心；第三个问题是想了解孩子在学校遇到了哪些困难、挫折，从而帮助孩子。

通过这三个问题，就可以了解孩子的情况，包括优缺点，而且这是一种"润物细无声"的方式，父亲最大限度地保护了孩子的自尊心，激励了孩子，增加了他的自信心，同时又对他的缺点、困难及时地给予了帮助。

每个人都渴望被人接纳，孩子更是如此。接纳如冬日的暖阳，照在我们的心里，暖暖的，充满力量；不接纳，犹如暴风骤雨，让我们的内心被侵袭得千疮百孔。身为父母，无论孩子怎样，他都是我们的孩子，我们都应该无条件地去接纳他，鼓励他，给他以力量与温暖。

孩子是我们生命的延续，不管他是完美的还是不完美的，我们都应该学会去接纳他，只有接纳他，才能让他幸福地成长，才能让他的生命焕发出光彩。

你是否给了孩子足够的关爱

确立规矩之前，父母首先要弄明白孩子为什么会出现这种行为，而且要多搜集资料或者向儿童心理专家咨询，寻找科学的解决办法。比如，孩子不好好吃饭、挑食，肯定不是平白无故的，要么是家人挑食，要么是学校有挑食的孩子，要么是孩子自身缺乏某种营养元素导致的胃口不佳……不管哪种情况，只有找对了原因，对症下药，才能药到病除。

一天，我在办公室里接待了新宇的妈妈。她是一家企业的高管，看上去非常干练，说话也干脆利落。说实话，对于这样的职业女性，我总会心生羡慕和敬佩，因为一个女人能够做到这样，确实不容易。

简单寒暄了两句后，她告诉我，新宇正在上四年级，几乎每天都无法按时完成老师布置的英语作业。老师多次打电话反映情况，她也说过新宇不少次，可他就是不听。最后实在没办法，听说我对教育孩子很有经验，于是她就来向我求教。

我给她分析新宇出现这种状况可能存在的几个原因：上课听不懂，下课不会做；认为老师留的作业太简单，不屑一顾，懒得写；他和老师之前存在误会，不喜欢老师；或者是其他情况引起的。我建议她回家后跟孩子好好沟通，看到底是因为什么不写英语作业的。

第二天晚上，我接到她的电话。她告诉我，回去之后就跟孩子沟通了。新宇说自己提前预习、课后复习，老师讲的自己都懂，即使不写作业，知识点也都掌握了，所以他想腾出更多的时间给其他弱项。为了证实儿子说的，她对儿子进行了考核，果不其然，课本上的单词、句式、朗读、背诵……他都对答如流。然后，她便将这一情况跟老师做了沟通，老师表示，如果新宇保证成绩不下滑，允许他不写作业。

一般情况下，孩子不写作业，我们会习惯性地认为他们没有掌握知识点，不会做。可实际上，新宇已经全都掌握了，只不过是把做英语作业的时间用来复习其他科目。由此可见，弄清孩子行为背后的真正原因是十分必要的。

立规矩不等于束缚孩子，而是其中包含着满满的爱，让孩子严格遵守规矩，是为了让他们拥有更好的将来。因此，只有将爱和坚持统一起来，规矩才是有效的、正确的。

给孩子制订规矩时，父母应该考虑好，怎样立才能让孩子遵守，同时又不会失去安全感。如果在立规矩、执行规矩的过程中，孩子闹情绪或者反抗，那么父母千万要重视他们的心理感受，及时安慰，并了解他们的真实想法，引导他们用正确的态度对待和执行规矩。

跟新宇妈有了上次的接触后，我们慢慢成了朋友，互相加了对方的微信。那年暑假，我在微信朋友圈里看到她发的信息，渐渐了解到，为了让新宇在假期养成良好的生活和学习习惯，把弱势科目的成绩赶上来，她给新宇定了很多规矩，比如几点起床、几点洗漱、几点吃饭、几点午休、几点温习功课、几点上床睡觉……只要是跟孩子有关的，她都一一陈列。在她看来，只有对新宇高要求，才能促使新宇越快进步。

可事与愿违，新宇的状态让她感到很困惑。后来，她在微信上问我这到底是怎么回事，我一针见血地指出："你只给了孩子规矩，却没有让孩子感受到你的爱！如果你能抽时间多陪陪孩子，跟他一起学习和进步，我相信他的状况肯定会有所改善。"

之后，她反思了自己的问题——平时忙于工作，缺少对孩子和老公的关心，认识到这点后，她决定改变，减少一些没有意义的应酬，多腾出时间陪孩子，适当的时候跟孩子一起执行作息时间表，在孩子做作业遇到困难时，引导孩子寻找解决难题的办法。果真，一个暑假下来，新宇的弱势科目终于得到了提升。

古人云"近朱者赤，近墨者黑"，人们还说"橘生淮南则为橘，生于淮北则为枳"等，这些都说明了环境对一个人成长的重要性。瑞典教育家爱伦·凯也指出："环境对一个人的成长起着非常重要的作用，良好的环境是孩子形成正确思想和优秀人格的基础。"

每个人一出生接触的环境就是家庭环境，家庭对一个人的影响非常深远。一般来说，家庭对一个人的影响程度是与他的年龄成反比的，年龄越小，越容易受到家庭环境的影响。最适宜儿童成长的环境就是温暖和谐的环境，生活在这种环境中的儿童通常性格活泼，行为较为理性，并善于与人交往。因此，每一位家长都应该为孩子提供一个有利于他成长的环境，让孩子在充满关爱和自由的环境下健康快乐地长大。

相反，如果孩子生活在一个缺少关爱或者没有自由的恶劣成长环境中，对家就会有一种厌烦心理，对父母更不会言听计从了。

有一个10岁的小朋友朋朋，几乎每天下午放学都不会按时回家，而是经常玩到很晚才回家。有一天，放学后他又去好朋友浩浩家，两个人一起做功课，然后一起玩。天都黑了，朋朋还不想回家。浩浩奶奶就问朋朋："你怎么还不回家啊？这么晚了，你爸爸妈妈该着急了。"没想到，朋朋满不在乎地说："我不想回家，我们家到处乱七八糟的，看着让人心烦。我爸妈工作很忙，这会儿一定还没回来。再说，他们也不怎么管我。"

如果父母能够给予朋朋更多的关爱，朋朋在谈起自己的家时，态度也不会如此冷漠。说起对孩子关爱不够的现象，许多父母都有一个共同的理由，那就是工作忙。除了工作忙，家长们还有一个理由，那就是自己的娱乐占用了陪孩子的时间。只是许多家长都不会承认这个看似最接近理由的理由，下面的事实也证实了这一点。

在一次夏令营活动中，孩子们被要求画一幅画，来描绘各自家庭的情形。有一个孩子的画让人看了心酸不已：他的妈妈在看电视，他的爸爸在玩电脑，他自己则站在旁边流眼泪。

这是一幅典型的家庭生活不和谐的画面。

家庭应是一个人心灵的港湾，需要每个人用心去守护，尤其是为人父母者。孩子还小，只是一个被动接受者，父母给他创造什么样的环境，孩子只能被迫接受，无法选择。这就要求父母能够懂得孩子真正需要的是什么，并给他提供一个这样的家庭氛围。如果父母对孩子的成长不了解、不关注，以自己的经历、经验为标准，从自己的利益出发，强迫孩子做他不喜欢做的事情，只会让孩子产生逆反心理。

比如，一些父母把成绩看得很重，他们往往打着"爱孩子""为孩子好"的旗号，整天强迫孩子学习，这样只会让孩子对学习产生恐惧、厌倦心理，结果孩子可能更反感学习。还有些父母，根本不考虑孩子的兴趣爱好，看到别人家的孩子报了学习班，就给自家孩子也报了名，生怕自己的孩子落后一步。

这些父母将自己的意愿强加给孩子，只会让孩子叛逆，与父母对着干。他们以为自己非常疼爱孩子，其实他们只是将孩子变成实现自己愿望的工具，让孩子成为他们的骄傲。如果父母真的爱孩子，那就要尊重孩子，了解孩子所思所想。其实，孩子想要的一直都很简单，那就是关爱和自由，二者一个都不能少。如果这些都做到了，教育孩子就不会是什么大难题。

那么，父母怎样才能给予孩子关爱和自由呢？或者说，父母怎样才能给孩子营造一个良好的家庭氛围呢？

首先，父母要从生活的方方面面关爱孩子，给予孩子充分的尊重和信任，不要整天板着面孔，不要随意呵斥孩子，更不能打骂孩子，要试着以朋友的身份和孩子相处，创造一种平等、民主的家庭氛围。

其次，父母不要把成绩作为评价孩子的唯一标准，应多方面培养孩子的兴趣爱好，有意识地在家庭中培养文明健康的生活情趣，包括定时看时事新闻、注重体育锻炼、热爱科学、爱好音乐文艺、注重文化修养、语言文明等。当然，父母在这些方面应做好表率。

最后，还要树立良好的家风。良好的家风包括家庭成员都有正确美好的伦理道德观念，形成互助友爱、尊老爱幼、文明礼让、热爱劳动、积极乐观、努力向上、诚实守信、勤俭持家的良好风尚。

每个孩子都是独特的

自尊是人活于世的根本，自尊才能自信，才能自强。对于孩子来说，懂得自尊，方能自信。而父母一定要给孩子尊严并维护他的自尊，只有这样，才能培养出一个自信的孩子！

我们说的教育孩子，其中重要的一点就是要让孩子做个自信的人，这不仅是要给孩子优越的生活环境，让他接受好的教育，开阔他的视野，增加他的阅历，增长他的见识，还要让孩子以健康的人格和心态去迎接未来的挑战，而这也是我们给孩子定规矩的初衷。同样，给孩子定规矩，就是希望孩子成为一个有自制力的人。自制才能自由，才能活得有尊严，为此，我们要明白，即使是给孩子定规矩，也一定要维护好孩子的自尊。

到吃饭时间了，小琳做好了饭，准备喊 4 岁的儿子吃饭，可是叫了几遍，儿子都没反应，还在坑坑具。小琳一气之卜夺走了儿子手上的玩具，儿子也不高兴了，居然跟小琳抢起来。小琳这下可火了，生气地把儿子说了一顿。可是，说完之后，看着躲在墙角哭得惨兮兮的儿子，心又软了，她开始后怕，自己这样批评孩子，会不会给他留下心理阴影？

的确，生活中，很多父母陷入了立规矩的困惑中：家长三番五次地对孩子说："跟你说过多少遍，做作业的时候不要玩其他的。"可孩子还是边学边玩，话说重了，又怕孩子接受不了；妈妈经常提醒孩子不要打架，可孩子还是"恶习"不改；面对孩子的网瘾问题，父母强行干涉，结果把孩子逼急了，居然离家出走……

实际上，父母过分的叮嘱、管教不但不能起到预期的效果，反而会使孩子的神经细胞处于抑制状态，从而做出逆反的反应。因此，任何一对父母，在给孩子立规矩的时候，都应把握一个度，时间不能过长，内容也不应过多，更不能伤害孩子的尊严。

不得不说，在现实的教育中，一些父母总是希望孩子能按照自己的意愿行事，结果导致孩子叛逆、自卑等。其实，这都是对孩子的不尊重，也伤害了孩子的尊严。要想让他成为一个真正自信的人，家长就不要忘记给足他尊严。具体说来，家长不妨从以下几方面入手：

1. 尊重孩子的个性

每个孩子都是与众不同的，如同我们不可能找到两朵相同的花儿。每个孩子都有不同的感受事物的方式、玩耍的方式、思维的方式、学习的方式、享受的方式，正是这些"个别的特性"

使他成为"独特"的人。

因此，家长要尊重孩子的个性，就应该对其内在品性的各个方面进行更为明确的理解，真正了解你的孩子，才能根据其个性打造其独特的人生，让他更自信地生存。

2. 尊重孩子的喜好和兴趣

正如上面所言，每个孩子都是不同的，因此好恶也是不同的，家长要了解他的喜好——他喜欢吃的东西，他最喜欢的运动、课余消遣和活动，他喜欢的衣服，他的特长，他喜欢逛的场所以及最有效的学习方式。尊重孩子的喜好，才能让孩子接受家长的培养方式，也才能更自信。

3. 维护孩子的面子

俗话说："树要皮，人要脸。"孩子也和成年人一样，他们也有"面子"，他们也需要得到别人的尊重。当他做得不好时，家长确实应该帮他指正错误，但是在这之前，要考虑当时的环境适不适合直接指出他的错误。

如果你当着别人的面对孩子说："你看人家做得多好，你能不能争口气？"这样孩子会有越来越多的问题产生，而且越来越不听话。如果你当着老师、亲戚的面数落他，那情况就更糟，他要么变成可怜的懦夫，要么成为一个偏激者。因此，父母切记：不要当着别人的面说孩子太多坏话，要给孩子留面子。否则，你的"抱怨"会毁了孩子的社会形象，也毁了自己在孩子心中的形象。

4. 不要总是负面地评价孩子

一般来说，如果孩子的学习成绩不好或者在竞争中不断受挫，就会出现负面情绪，此时，我们应该有一定的引导策略。孩子输了的时候，不应该出现"是因为你笨"之类的评价，避免孩子将失败归咎于自己能力差等因素。要引导孩子在竞争中学会分析自己的能力、任务的难度、外部环境等，客观地归因。

这些方式都是家长应该学习的。孩子的自尊是需要家长来悉心呵护的，用正确的方式来与之沟通并引导他的行为、为他立规矩，才不会伤他自尊，这也是让孩子维持自信的最佳方式！

定规矩要从孩子的角度出发

　　每个孩子成长的环境不同，养成的习惯以及对事物的认知也会不同。如果孩子本来就知道遵守乘车规则，父母还是不停地反复说，就会让孩子感到厌烦。所以，根据孩子的特点和短板给孩子立规矩，要有所侧重，切不可随大溜，眉毛胡子一把抓，看到别的父母怎么做你就跟着怎么做。

　　乐乐和雯雯是一对双胞胎，乐乐活泼好动，雯雯文静内向。一天，妈妈带姐妹俩出门，遇见院里的张爷爷。乐乐非常有礼貌地和张爷爷打招呼，而雯雯则害羞地躲在妈妈身后，怯怯地看着他。

　　遇到这种情况，很多父母会说："再不打招呼，爸爸妈妈就不喜欢你了啊！"而雯雯妈却相反，她揽过雯雯说："见了爷爷奶奶要打招呼，要叫人。可能今天你和张爷爷还不是很熟，以后熟悉了就会主动叫了，对吗？"

　　在妈妈的鼓励下，雯雯小声叫了一声"爷爷"。

张爷爷乐得眉眼都成一条缝了，摸着雯雯的头说："真是个好孩子。"

雯雯胆小内向，遇到陌生人，她肯定会感到紧张和害怕，这种情况下，谆谆善诱、积极鼓励才能慢慢激发出雯雯的勇气。如果用同样的规矩、相同的方法去教育乐乐，相信实际效果就会大不相同。

每个孩子都有自己的个性特点，制订规矩的同时，不能违背孩子的独特个性。千篇一律的规矩只会将孩子培养成同一个人，失去个性。想想看，生活中，每个孩子说话语气都一样、表情都一样……会是多么恐怖的一件事。

我的邮箱中存着这样一封信：

老师好：

今天我感到很郁闷，本来放暑假了，大家都开开心心的，可是我却高兴不起来。事情是这样的——

放假后，妈妈就带着我回到了在云南的姥姥家。姥姥家的村子里种着很多银杏树，听说树龄很大了，每一棵都长得很粗。每次到姥姥家，姥姥都要带着我和几个亲戚家的孩子在银杏树下玩。可是，昨天姥姥为了让我们切身体会银杏树的粗壮，居然让我们伸手抱拢大树。

看到在树干爬上爬下的蚂蚁，我不敢抱。最后，其他几个孩子都抱了，只有我没抱。回去的路上，姥姥唠叨了我一路，其他孩子也都瞧不起我，说我是胆小鬼。我妈听说了这件事后，不仅没有为我辩解，还硬拉着我来到这棵银杏树下，让我抱，说是让我感受生命的力量。可是，我都快被吓哭了。一想到抱银杏树的过程中蚂蚁可能会爬到身上，我就浑身起鸡皮疙瘩。最后，我受不了了，哭着对妈妈说："我胆子本来就小，这棵树上有蚂蚁，我怕蚂蚁爬到我身上咬我，我有错吗？为什么非要让我抱这棵银杏树呢？你们怎么不抱？"

或许是我的反抗出乎妈妈的意料，也或许是妈妈知道了我不愿意抱这棵银杏树的理由，后来她没再要求我抱树，转身走了。我站在原地，觉得委屈极了。

烦恼的小 D

看到这封信后，我立刻给这个小姑娘写了封回信。在这里，我并不想说回信的内容，只想借这个故事提醒所有的父母，每个孩子都有自己的想法，如果孩子拒绝按照父母的要求做事，这时候一定要弄清楚他们抵触的原因。小姑娘本来看到蚂蚁就害怕，家长还非要让她抱银杏树，确实有点强人所难。

活泼好动的孩子，总喜欢蹦蹦跳跳，探索新鲜事物，他们热爱自由，不喜欢受到约束，更讨厌规矩的束缚，但是他们往往十分乐观。教导这类孩子，一定要摒弃传统刻板的教育方法，运用活泼有趣的方式对他们进行引导和教育。与之相反，乖巧、文静、被动的孩子，往往万事忍让，不爱与人发生争执。对于这样的孩子，建议父母给他们设定完成任务的时间，并且不要过分地催他们，可以用提问的方式，让他们明确自己的立场和意见。

世界上没有两片完全相同的树叶，更没有两个完全一样的人。不同的家教方式和不同的成长环境都会养出气质、性格完全不同的孩子，并导致他们的行为、意识完全不同。因此，父母一定要细致观察、了解孩子，用最合适的方式管教他们。同时，对孩子进行有目的、有意识的启发，诱导他们树立良好的规则意识，从小就能获得明辨是非的能力。

当然，所有的方法都不是一成不变的，也不是所有的孩子都很好管教。对不同的孩子，用不同的方法、制订不同的规矩，以满足孩子的成长需求。随着孩子年龄和心理上的逐渐成熟，家长的教育也不能死板，因为给 3 岁的孩子制订的规矩肯定不适合 13 岁的孩子，所以父母必须及时调整，以适应不同年龄阶段的孩子。

第4章

父母好好说，孩子好好做

尊重孩子，与孩子平等对话

我们经常会对一个外人表示尊重，却往往做不到尊重自己的孩子。实际上，每个孩子对尊重的渴望不亚于我们，当他们做出的选择得到了我们的肯定，多半会信赖我们，以后我们说的话，他们也会愿意听。

有一位妈妈，为了提高孩子的英语成绩，她给孩子定了个规矩，要求孩子比平时早起半个小时诵读英语。可是，孩子却不同意，因为他希望这半个小时的朗读放在晚上，早上可以多睡会儿。妈妈却一门心思地认为，早上的诵读效果才是最好的。双方各不退让，结果孩子开始讨厌英语，成绩怎么都上不去。

为了让孩子尊重老人，爸爸对儿子说："你要懂得尊敬爷爷奶奶，只要是他们提出的要求，你都要尽力满足，或者给他们提供帮助。"有一天，儿子为了迎接期中考试，正在屋里抓紧时间做测试题，爸爸切了个西瓜，非要让儿子给老人端过去。儿子不耐烦地说："你闲着没事干，宁肯看电视也不自己端过去，我马上就要考试了，多点时间复习功课不行啊？"爸爸笑了笑，说："好，看我怎么给你做个好榜样啊！"儿子扑哧一声笑了。

亲子关系相处好与不好的例子，相信每个父母都遇到过或者听说过。所以，当自己和孩子出现意见分歧的时候，你会选择怎么处理呢？最佳方式就是在尊重孩子想法和选择的同时，寻求一个满足双方意愿的解决办法。也就是说，在为孩子定规矩的时候，要以尊重孩子为前提，规定他们要怎么做、不能怎么做，奖惩措施也要明确，不要最后因为孩子违规而批评他们的时候，让他们感到稀里糊涂的。

在给孩子定规矩时，很多父母会采取简单粗暴的方式，甚至是打骂孩子。特别是当孩子破坏规矩时，斥骂、棍棒便会随之而下。结果，让很多孩子产生了破罐子破摔的念头，或产生叛逆心理。时间一长，不仅不利于给孩子定规矩，反而会影响亲子关系。

辉辉今年上幼儿园大班，从他3岁起，爸爸就给他报了绘画班，让他去学画画，还规定每天都必须画一小时的画。一开始辉辉很听爸爸的话，可是渐渐地，看着邻居的孩子每天回家后就去小区健身区玩，辉辉就羡慕起来了。

一天，放学后，爸爸没去学校接辉辉，辉辉就与邻居的孩子一起回来，回来后，他没画画，而是与邻居的孩子一起去小区健身区玩耍。

爸爸知道后，将辉辉狠狠骂了一通："你怎么这么没出息，就知道玩，一点上进心也没有，将来只有去扫大街了！"

"爸爸，我不喜欢画画，一点意思也没有。你们每天都逼着我画，其实我是为你们画的。"

"你……那你想做什么？"

"我长大后想当一名威风凛凛的警察！"

孩子喜欢当警察，爸爸则让孩子学画画，并给孩子立下每天要画多长时间的规矩，如果孩子破坏规矩，爸爸就发脾气。其实，这是很多父母的通病，总以为孩子小，事事要听自己的，不管给孩子定的规矩是否合理，都要孩子遵守。

建议在定规矩前，父母们应该多考虑孩子的感受与想法，想想自己立的规矩是否能让孩子接受，是否有利于孩子的身心健康。

可以说，孩子受人尊重的感觉，最初就源于父母。之后，在日常生活中，慢慢地形成尊重别人的理念。

而给孩子定规矩时，只有尊重孩子，凡事多为孩子考虑，才有助于父母成功地给孩子定规矩。

但在日常生活中，面对没规矩的孩子，或不守规矩的孩子，不少父母只是一味批评、责骂，从来不知要尊重孩子，不考虑孩子的感受与喜好。这样做，只能压制孩子的自我激励能力、创造力和想象力的发展。

在给孩子定规矩时，你是尊重孩子还是指责或打骂孩子呢？如果总是指责或打骂孩子的话，那就要改变与孩子的相处方式了。

给孩子定规矩不是一朝一夕的事，这需要一个过程，需要一段时间。所以，在给孩子定规矩的过程中，父母不仅要有耐心，而且要学会尊重孩子。

在给孩子定规矩时，父母应该怎样尊重孩子呢？

1. 接纳孩子的缺点，并给孩子定规矩

每个孩子都有自己的缺点，这并不奇怪。父母一定要正视与接纳孩子的缺点，然后给孩子定规矩，来帮孩子改正缺点。千万不能因为孩子有缺点，或一而再地破坏规矩，就不停地数落、讽刺、挖苦孩子，这样很容易使孩子消沉、迷惘。

2. 学会蹲下来和孩子说话

给孩子定规矩，父母要放下架子，把自己放在与孩子平等的位置上，蹲下来和孩子说话。这样，能让孩子感觉与父母是平等的，就易于进行思想的沟通，从而有利于双方形成默契。当父母进入了孩子的内心世界，或孩子认可了父母，孩子才会接纳父母定的规矩。

而如果父母以老子自居，特别强势，希望孩子事事遵从自己的意见，随意给孩子定规矩，孩子要么会变得保守、胆小、被动，要么会变得更为叛逆，从而更不守规矩。

3. 懂得尊重孩子的想法和选择

可以说，尊重孩子是给孩子成功定规矩的不二法门。父母要尊重孩子，就要懂得尊重孩子的想法和选择，在给孩子定规矩时，要具体给孩子立哪些规矩，要与孩子协商，或提前通知孩子。

4. 不在人前教子，给孩子留足面子

孩子也有自尊心，父母给孩子定规矩时，一定要尊重孩子的自尊，保护孩子的"面子"。不要当着众人的面大声呵斥孩子，骂孩子"真没出息""真是笨蛋""不争气的东西"等，总是给孩子贴不良标签，会让孩子失去守规矩的信心。

总之，给孩子制订规矩，关键是要去理解孩子和尊重孩子的特点。父母要明白，由于孩子的理解能力、思维能力、执行能力都远远没有发展成熟，在给孩子定规矩时，一定要尊重孩子身心发展规律和个性特点，这样才能给孩子制订出合适的、有效的规矩。

父母要会说话，孩子才会听话

现在，由于年轻的父母多被繁忙的工作与琐事所累，所以在与孩子说话时，总是没有耐心，总是用命令或责骂的语气。特别是给孩子立规矩后，一旦孩子破坏规矩，一些父母懒得与孩子好好说、慢慢说，而总会冲孩子大吼大叫。

父母不知道的是，冲孩子大吼大叫或打骂，难以让孩子明白规矩，懂得规矩，而慢慢对孩子说，好好向孩子说明规矩，更有利于让孩子守规矩。

生活中，我们在与人沟通的过程中，常有这样的体验：用好的态度、温和的方式比用高傲相待的生硬方式更容易提高办事效率。在与人相处时，用友善体贴的方式会比强悍冷漠的方法更易俘获他人的心。同样，在教育孩子、给孩子定规矩的过程中，如果我们也能轻声细语地与孩子说话，用真心感化孩子，那么，孩子就能感受到你的尊重，从而愿意相信你。

然而，在现实生活中，我们看到的多半是，一些家长一旦发现孩子和自己的观点不同，立刻就表现出不耐烦，甚至会对孩子乱发脾气，久而久之，孩子要么不敢发表自己的意见，变得怯弱起来；要么故意和家长对着干，造成难以挽回的局面。曾有哲人说："要人家服，只能说服，不能压服，压服的结果总是压而不服。以力服人是不行的。"这对每一个家长来说，都应该有所启示，要让孩子心服口服地接受你的教育，只能靠真情去感化，而不能强来。

曾经有这样一个"不抽烟的球王"的故事：

被誉为"世界球王"的巴西球员贝利，在他很小的时候，就是公认的"足球神童"，他在足球方面表现出了惊人的天赋。有一次，贝利和他的同伴刚刚完成了一场足球赛，累得筋疲力尽，为了放松，他向同伴要了一支烟，然后享受地抽了起来。贝利的疲劳感很快就消失了，但事情却并没有就此结束，这一切都被贝利的父亲看在了眼中。贝利小小年纪就学抽烟，这让他的父亲很不高兴。

但他的父亲并没有立刻发作，而是等到晚饭后，把坐在沙发上的贝利叫到身边，然后平心静气地问道："你今天是不是抽烟了？"

"是的。"贝利虽然知道他做了不好的事情，但他也不敢否认。

但令他吃惊的是，他的父亲并没有因此而生气，而是背着双手在房间里走来走去。过了一会儿，他停下来说："儿子，我知道你有踢足球的天赋。如果你继续努力下去，很有可能会在未来获得成功。但不幸的是，你现在开始抽烟了。吸烟有害健康，它甚至会影响你的身体，阻碍你正常水平的发挥。"

贝利听完父亲说的话，羞愧地低下了头。

父亲继续强调道："作为一个父亲，我有责任和义务教育你，但真正支配你生活的是你自己，这点没有人能够取代。现在我问你，你是想成为一个有前途的运动员，在足球场上驰骋呢，还是想继续吸烟，毁灭你自己的未来？孩子，你已经长大了，应该知道如何做出选择。"

说完，他的父亲从口袋内拿出一沓钱，递给贝利说："如果你不想成为一名球员，那就把钱都拿去买烟吧。"父亲说完这话，头也不回地走了。

贝利看着父亲的背影哭了起来，父亲的话在他心中不断地回响着。他突然就醒悟了，把桌子上的钱一把攥在手里，然后追上父亲，把钱还给了他，并坚定地对父亲说："爸爸，我以后再也不会碰烟了，我一定会成为一名成功的运动员。"

从那时起，贝利就戒烟了，不仅如此，他还把大部分的时间花在体能训练和技巧提高上。他16岁就进入了巴西国家队，并在国家队里屡立奇功。贝利一生为巴西的足球事业做出了巨大的贡献。今天的贝利虽然已经退役成为一位成功的商人，坐拥无数财富，但他依然不抽烟。

在这则故事中，贝利的父亲在教育孩子这一问题上所采用的方法无疑是正确的。我们要想让孩子接受我们定的规矩，不抵触我们的教育，就要用轻声细语去感化孩子，并与孩子平等沟通。如果父母想让孩子自觉地、顺利地执行规矩，必须注意使用更好的方式与孩子沟通，千万不能硬来。

父母与孩子沟通说明规矩时，采用什么样的方式比较好呢？如何说，才能让孩子与父母在心灵上达成默契或产生共鸣呢？

1. 注意说话的语气

与孩子沟通、说明规矩时，最好是选择"和风细雨"式的说话方式，少用命令式的语气。如要用这样的语气，"如果你可以这样做，我们会感到十分高兴"，"你能那样去做，我们将会感到十分欣慰"。让孩子在父母指引的"大框架"下自由选择正确的方法或做法，这更利于给孩子定规矩。

2. 选择恰当的谈话时机

与孩子讲规矩，也要选择好时机，如孩子高兴时，易于与孩子沟通。此外，父母也可在与孩子一起郊游的时候聊一下规矩；也可以在餐桌上与孩子沟通，如吃完晚饭后，可以与孩子天马行空地聊天。如果孩子想告诉父母发生在学校里的一些事情或与同学朋友一起发生的好玩的事，一定要耐心倾听，父母也可借机告诉孩子一些为人处世的原则与规矩。

3. 反话正说，给孩子积极的心理暗示

每个孩子都很重视父母对自己的评价，而鼓励和表扬总是最能打动和激励孩子，所以当父母发现孩子不守规矩时，与其大声呵斥，倒不如反过来说。如孩子在床上不想穿衣服，父母可以这样对孩子说："哇，你今天真的准备自己穿衣服吗？我太高兴了。"这样的表扬，往往会让孩子高兴地按你的思路做下去，从而慢慢变得守规矩。

4. 拿孩子的优点与其他孩子比较

在生活中，很多父母总喜欢拿自己的孩子与其他孩子比较，在定规矩时也是如此。如有的父母给孩子定规矩：自己洗自己的衣服。当自己的孩子不洗衣服，父母通常会说："你看某某就自己洗衣服。"与其这样说，不如说："你比某某学习好，洗衣服也肯定比他洗得好！"这样，就能激励孩子守规矩。

5. 睡前沟通要及时

如果你工作很忙，每天下班晚，或要加班，那可以在孩子入睡前，与孩子坐下来谈谈，与孩子讲他应该守哪些规矩，在哪方面做得比较好，哪方面需要努力。与孩子聊"规矩"时，一定要多鼓励孩子，鼓励他继续加油或努力。

规矩怎么说，孩子才会听

规矩制订后，在和孩子讲规矩时，父母要和孩子面对面深入交流，不仅要有口头上的交流，还要有眼神的交流，让孩子对你的规矩能够心领神会，明白于心。在此基础上，告诉孩子哪些可以做，哪些不能做，这样才能产生预期的效果。

1. 提醒孩子看着你

和孩子讲规矩的时候，应该停下手头的事，面对面地看着孩子，直接和孩子交谈，而不是一边做着手里的活一边跟孩子说话，这样不但你会分神，孩子也不能集中注意力。

2. 跟孩子要有眼神交流

跟孩子讲规矩时，一定要直视孩子的眼睛。吸引孩子的注意力，是准确传达命令的前提。要做到这一点，最简单的办法就是呼唤孩子的名字，跟他产生眼神交流。无眼神交流的命令，根本就不能引起孩子的重视，也自然很难让孩子听你的。

3. 提示预警法

我们在超市、商场经常看到有的小孩因为父母没有满足他们的要求，坐在地上大哭，令父母十分尴尬。为了避免这种情况发生，你可以在去超市之前，提前告诉孩子："今天我们去超市买需要的东西，其他的东西都不能买。如果你不听妈妈的话，大哭大闹，那么，下次妈妈就再也不带你去超市了。"这样提前给孩子打"预防针"，可以避免孩子大哭大闹的情况发生。

有些父母在孩子出现哭闹的情况之后，只会大声斥责、打骂孩子，但下次还会出现这种情况，就是因为他们从来没有把他们所期望孩子做到的要求告诉孩子。规矩不是事情发生时才制订的，父母要提前有一个预期，早点告诉孩子。

4. 明确地告诉孩子你的要求

有些父母从来没有对孩子外出时的同伴、地点提出过什么要求，也从来没有给自己的孩子规定回家、学习、做游戏等的时间，可是每当出现问题的时候，他们又不能用冷静和理智的方法去对待自己的孩子，不顾孩子的请求，与孩子赌气，想怎么惩罚他们就怎么惩罚他们。这种教育方式是不对的。

一旦和孩子有了眼神交流，你就可以告诉孩子该怎么做了。每个家长跟孩子的沟通方式都是不一样的。不过，有几个普遍适用的方法，可以让孩子更听你的话。

1. 态度要尊重，口气要坚定

家长总是说孩子不尊重自己，可尊重是相互的。许多家长总喜欢用一种居高临下的态度跟孩子说话，即使不是故意的，但是也会给孩子以很大的心理压力。有些家长一边使用请求甚至哀求的语气跟孩子定规矩，一边还不停地抱怨孩子为什么总是不听自己的，自己却不知道，你这种语气只会给孩子一种"这个忙可帮可不帮"的暗示，这样孩子怎么会听你的呢？

和孩子说话时的态度尤为关键，因为你的态度是很直观的，立刻就会被感觉到。因此下达命令时，家长不要用问句，要清楚、坚定地告诉孩子应该怎么做，并且要在孩子面前注意保持一个冷静的态度，不可情绪化。

2. 一次只讲一件事

吩咐孩子做事时，要简单直接，每次只说一件事。就算你有好几件事要让孩子做，也要逐个来。先让他做好第一件，再让他做第二件，如此反复。无论是大人还是孩子，做事都得一件件来，否则就容易走神，尤其是孩子，一下子给他指派一堆任务，只会激起他的抵触情绪。

3. 不要跟孩子起争执

如果孩子一直纠缠不清，试图跟你讨价还价，不要做过多的解释，只须给孩子一个简洁明了的理由。你并非在征求孩子的同意，也不是要赢得他的信任，必要的时候还可以用肢体语言传达出你坚决果断的态度。

不过需要注意的是，要尽量避免让孩子产生一种强迫感，否则可能会让气氛变得很紧张，引起他的抵触心理。

4. 让孩子重复一遍你定的规矩

当孩子注意力不集中或不明白你说的到底是什么意思的时候，这一点就尤为重要了，它能帮助孩子更好地理解和遵守你定的规矩。

俗话说："没有规矩，不成方圆。"对孩子是一定要定规矩的，尤其是在孩子与同学、朋友一起交往的问题上。但所有的规矩都不能临时去要求孩子，或是在有问题以后再告诫孩子，而是要在平日里就明确要求孩子做到。

讲清楚道理，再让孩子守规矩

小强是一个长得非常讨人喜欢的孩子，小时候，亲戚都十分喜欢抱他玩。父母与家人对小强更是疼爱有加。在家人与朋友的宠爱、疼爱之下，小强快乐而幸福地成长着。很快地，小强就到了上幼儿园的年龄，此时，小强身上的一些问题也就显露出来了。

小强上幼儿园不到一个月，父母就经常接到老师打来的电话。昨天，老师又给小强爸爸打来电话："你家小强又为争一个布娃娃，把张小玲打了。张小玲的父母来了，你也来幼儿园吧！"

小强爸爸不得不请假去幼儿园，向人家道歉："对不起，怪我没教育好小强，把小玲打了……孩子不要紧吧？"

"小玲倒没大事，小孩子打架也没什么，不过，我建议你好好管教一下小强！给孩子定规矩！"

"嗯！"

小强爸爸表面上答应，但过后想"船到桥头自然直"，孩子这么小，等以后长大了一定会懂事的，至于定规矩的事，以后再说吧！

时间就这样一天天过去，小强从幼儿园升到了一年级。上小学后的小强，虽然与同学打架的事少了，可让小强父母与老师大伤脑筋的是，这孩子其他毛病又多了起来。他不是经常忘了带作业本，就是上课了才想起要上厕所，要不就是把同学的铅笔盒弄坏了。

此时，小强爸爸才想起给小强定规矩的事。可如何定规矩呢？小强爸爸无所适从，不知从何入手，又不知要注意什么事项。

孩子为何不懂规矩，没有规则意识呢？心理学家认为，孩子不懂规矩，没有规则意识，是由于自身有太多的局限性，主要表现在以下几个方面：

1. 孩子的理解能力和交流能力较差

孩子对事物的理解能力较差，还不能准确、深刻地领会规矩的内容和意义。同时，孩子的语言表达能力差，还不能与大人进行一些复杂的交流。这些都是孩子学习规矩、懂规矩的障碍。

2. 孩子缺少时间感和空间感

孩子特别是幼龄孩子缺少时间感与空间感，对父母所定的一些规矩是不了解的，也是难以理解的。如你告诉他"停下来"，他可能听懂，但是如果你对他说"等一会儿再给你拿玩具"，他就有些不知所以然了。你必须先要让他知道这个"一会儿"究竟有多长。

或许，在孩子眼中的"一会儿"就是：你没有马上给他玩具，没有及时满足他的愿望。所以，他就会吵闹，进而破坏你"有话好好说，不许哭闹"的规矩。

父母最好是先弄清原因，再对症下药。通常，孩子不守规矩，是因为他不懂规矩是什么，有哪些规矩应该遵守，破坏规矩有什么严重的后果。所以，最根本的解决方法是在为孩子定规矩时，要让孩子懂规矩。

好规矩胜于好父母，要想让孩子有规矩、守规矩，就必须先设法让孩子懂规矩，既要懂得规矩是什么，又要懂得规矩是必须遵守的。

蔡元培先生说："教育的本质是展个性，尚自然。"教育孩子不是束缚孩子，不能违逆孩子的个性，应当按照孩子的成长规律对其进行正确的、科学的、有效的引导和启发。在21世纪的今天，时代对每一个孩子提出了更高的要求，要想培养出适应时代潮流的创新人才，我们就必须高度关注孩子的想法和个性，让孩子成为最好的自己。

父母要从思想深处、观念源头明白：孩子是一个无型的个体，不是自己的复制品，不能让自己成为一名雕刻师，按照自己的期望对孩子进行随意"雕刻"，变孩子的无型为有型。那样只会让孩子成为一个没有个性、没有头脑、没有热情、没有能力的"四无"型孩子。

父母要学会把选择权给孩子，让孩子成为自己的主人。千万不要用没有弹性的严苛规矩来限定孩子，给孩子的未来画上条条框框，不要在生活上凡事都为孩子包办，而应当给予孩子自己做主的机会，放手让孩子自己做自己。爱需要管教，更需要包容；需要守护，更需要引导，教育孩子的时候父母一定要学会收放有度。

父母不要用"过来人"的眼光去看待自己的孩子，为孩子制订不切实际的、束缚其个性的规矩，应当懂得放手，让孩子自己塑造人生的"方向"，给予孩子充分的空间让其施展。父母要做的是让自己成为一名欣赏者、引导者，对于孩子的每一次进步，及时送上掌声；对于孩子的每一个失误，及时加以纠正。也许孩子的成长不尽如人意，但只要你通过适当的指引让其掌好舵，他终究会有到达彼岸的那一刻。

言出必行不唠叨

"起床、起床，快起来！去洗脸、去刷牙、记得梳头！会热吗？会冷吗？你就这样穿着出门吗？别忘了钢琴课在今天下午，所以你要练！出去外面玩，别玩太疯，别闹太凶。今晚不准玩电脑！我说了算！我是你妈！……"

这首《妈妈之歌》曾经在网络上风靡一时，之所以受到那么多人关注，是因为这首歌是一位有着三个孩子的母亲写的，她将自己日常生活中对孩子唠叨的话写了下来。这些歌词引起了人们的共鸣，许多网友表示，歌词写得太真实了。有关调查结果显示，90%的孩子认为妈妈太唠叨，有人甚至说出"'唠叨'是'妈妈'的代名词"这样的话。

其实，对于妈妈的唠叨，许多孩子都不胜其烦，有的孩子会直接说："我知道了，您烦不烦啊？""好了，真啰唆！"母亲听到孩子这些抱怨的话，心里一阵阵失落：自己一心为孩子好，为什么换来的却是孩子的埋怨？

古人云："子不教，父之过。"父母平时在教育子女的过程中，对子女的言行适时地点拨和提醒是必要的，但绝不应该没完没了地唠叨。有教育专家指出，在父母的唠叨声中长大的孩子，早就对他们的唠叨产生了"免疫力"，他们唠叨越多，孩子抵御唠叨的本领就越强。同时，他们对父母也失去了敬畏之心。

这是一位父亲讲述的他女儿的故事：我的女儿原本是一个很乖的孩子，除了学习成绩一般，其他的都挺好。可是自从进入六年级以来，她开始追星，买那些明星的 CD、看演唱会，像着了魔，结果学习成绩一路下滑。你只要一提学习，她就摔摔打打，或者干脆把房门一关，连饭也不吃，让人又生气又心疼。孩子的妈妈本来脾气挺好，可是一到更年期，也变得爱唠叨、爱发脾气，结果母女俩经常发生口舌大战。为了缓和家里剑拔弩张的气氛，我劝说母女俩去看了心理门诊。

回来后，孩子看起来改变了许多，有一次吃饭期间，她甚至还主动提起了期末考试的事。她说："爸，妈，这回考试别的科都考得不错，就是数学没考好。"谁知，妈妈一听这话就怒了："没考好，那考了多少分？""不及格。"她的妈妈已经忍不住吼了起来："我就知道不及格！你根本及格不了！"女儿强压住火，没作声，可是她的妈妈在那边却越说越起劲儿，"你是个学生，却像个没事人一样，天天就知道喜欢那些没用的，不好好学习……"女儿盛怒之下，把饭碗给摔了……

在这个例子中，这位妈妈的做法实在欠妥当，她动不动就开启"唠叨"模式，难怪孩子会做出摔碗的极端行为。在教育子女，给孩子定规矩时，父母不要一味唠叨，这样孩子只会厌烦，而不会听话。那么，父母怎么做才能避免唠叨呢？

第一，分清主次。在生活中，父母需要给孩子定的规矩有很多，但是不必事无巨细，什么都要反复强调叮嘱，否则不仅自己身心疲惫，孩子也会厌烦不已。父母只需要对孩子的学习、生活中值得重视的地方，列出一些规矩让孩子务必遵守即可。在列规矩时，尽量用孩子可以理解的简洁语言，给予孩子具体的建议和指导，这样孩子才能遵照执行。当然，在定规矩的时候，应允许孩子提出自己的想法和意见，不要搞"一言堂"。

第二，抓大放小。有的父母对孩子缺乏耐心和理解，孩子稍微一出格，就会暴跳如雷。其实父母大可不必这样。孩子毕竟还小，犯点错误是难免的，他们做的有些事情，后果并不像父母想象的那么严重。父母完全可以让自己更轻松一点，对于孩子生活中的一些小事，只要不造成严重的后果，就可以放手，让孩子自己去做，这样孩子也能从中体会到成就感或者挫折感。这些都能丰富孩子的经历。如果家长一而再再而三地提醒，孩子当然会嫌父母唠叨。父母在定规矩时应该抓大放小，不要什么事都定规矩，否则孩子就会比较受约束，不能充分发挥儿童的天性，做什么事都小心谨慎，生怕一不小心就触犯了规矩。

有时候家长对孩子犯的小错采取"睁一只眼闭一只眼"的态度，让孩子自己承担做错事的后果，效果会更好。

第三，只说一遍。父母如果想让孩子做什么事，应该在合适的时机，与孩子面对面地交谈，并且告诉孩子，这件事只说一遍，并告诉他不做会有什么后果。这样孩子就会乖乖地去做事，如果你反复强调、反复唠叨，只会引起孩子的反感，不会取得相应的效果。

第四，就事论事。有的父母在孩子做错事时喜欢"翻旧账"，把孩子以前的"恶习"全部说一遍，结果越说越气，越生气说得就越多。其实，父母要知道，没有哪个孩子不犯错，孩子只有在不断犯错、不断改正错误的过程中才能变得更好。对于孩子所犯的错，就事论事，共同寻找解决的办法，才是最明智的做法，"翻旧账"只会让孩子觉得自己太唠叨。

第五，学会等待。许多父母有这样的心理：自己一说出要做某件事，孩子立刻执行；自己一说不让做某事，孩子立刻停止。这其实是错误的想法，孩子毕竟不是机器人，不可能受父母控制。孩子有自己的成长规律和年龄特点，他的心智和能力没有大人想象中的那么成熟，父母有的话他可能还无法理解，有的事情他可能暂时无法做好，做父母的必须学会等待，允许孩子慢慢来。要知道，孩子的成长并不是一蹴而就的，需要经历一个过程，父母的着急、唠叨并不会使这段时间缩短。

众多实际案例告诉我们，在教育引导孩子的时候，最忌讳的就是父母的唠叨。每个孩子内心都希望自己的父母是明理的、和善的、智慧的，而不是像个怨男怨妇一样，成天唠唠叨叨的。你的唠叨只会让孩子远离你，而且你越唠叨，孩子远离你的速度就越快。

控制情绪，不吼不嚷好好说

大多数父母常常会有一种感觉，孩子有时候就如同天使与魔鬼的化身：天使的时候，乖巧可爱；魔鬼的时候，把人折磨得快要发狂。的确如此，调皮、不听话，几乎是所有孩子的通病。在这个世界上，没有一个孩子能够完全按照爸爸妈妈的旨意做事，因为他们不是玩偶，而是有独立思想和精神的个体。

很多妈妈都说，怀孕的时候感觉自己很辛苦，但是孩子生下来之后发现，带孩子更辛苦，而且孩子越大越辛苦。究其原因，当孩子从一个嗷嗷待哺的婴儿长成一个能说会走的幼儿时，他们的自我意识逐渐觉醒，自主能力也不断增强，家长再想让孩子言听计从就不容易了。随着孩子慢慢长大，他们会不断地给爸爸妈妈出难题，挑战爸爸妈妈的底线。尤其是孩子在学龄前阶段，面对顽皮又不懂事的他们，简直让人无计可施。于是，有的父母就"火山爆发"了。

尤其是年轻的妈妈，承受着来自工作、家务、育儿多方面的压力，她们时不时就会"河东狮吼"。其实，许多妈妈发现，虽然自己发怒之后，孩子当时乖乖听话了，但下一次他还会犯同样的错误。而且，还会给孩子留下心理阴影，或者不愉快的记忆。

有位妈妈心血来潮，把自己的一头长发剪成了齐耳短发，看起来非常干练。她自信地问儿子："我的新发型怎么样？"儿子想了想，说："当您温柔的时候，这个发型和您很配；当您发火的时候，这个发型就不太适合您了。"

案例中孩子的妈妈一定是一个脾气暴躁的人，时而温柔如水，时而咆哮大怒。孩子小小年纪，对于妈妈这两种截然不同的表现，竟然有如此深刻的感受。可见，父母的一言一行在孩子心中都会留下深刻的印象。因此，不管我们当时多么生气，情绪多么激动，都要尽量克制自己发火的冲动，以免伤害孩子。下面的事例对所有父母都能起到很好的警示作用。

最近，琦琦的妈妈发现，自己和孩子总是冲突不断，孩子变得越来越不听话了。她给琦琦定了一些规矩，希望以此约束琦琦，琦琦却总是不听，还顶撞自己。而琦琦呢，则认为妈妈管得太多，简直太烦人了。

有一天，琦琦妈妈发现孩子又在玩手机游戏，她立即规定以后琦琦每天只能玩10分钟游戏，因为她知道手机屏幕的强光对孩子的眼睛伤害很大。但是，琦琦不理解，他对妈妈的这项规定非常恼火，便冲妈妈喊道："10 分钟怎么行？我以前每天玩 1 个多小时，您怎么也得让我玩 20 分钟！"他的妈妈说："不行，只能玩 10 分钟，或者干脆别玩手机。你自己看着办吧！"琦琦据理力争，说道："为什么您和爸爸每天看那么长时间的手机，却不让我玩？"听了琦琦的话，妈妈非常伤心："我们看手机，还不是为了工作。你以为我们愿意天天盯着手机吗？要是你来挣钱养家，我就天天不看手机，也不看电脑！"就这样，琦琦和妈妈，你一言我一语，越吵越凶。最后，妈妈一气之下打了琦琦的屁股，琦琦伤心地哭了。

琦琦的爸爸下班回家，看到琦琦和妈妈的表情就知道他们又吵架了。问清楚事情的来龙去脉后，琦琦爸爸对妈妈说："别生气了，咱自己的孩子你还不了解吗？他就是一个吃软不吃硬的人，只要你好好和他讲道理，他就会听你的。你看看你，气鼓鼓的，根本不值当。"

第二天，琦琦的妈妈找了一个合适的机会，和琦琦讲了长时间看手机对眼睛的伤害，琦琦这才接受妈妈"每天玩 10 分钟手机游戏"的建议。他对妈妈说："妈妈，您昨天为什么不和我说这些呢？您要是像现在这样心平气和地和我讲道理，我就会听您的。"妈妈也对昨天的言行很内疚，她对孩子说："对不起，昨天是妈妈不好，妈妈脾气太急了。以后，妈妈会注意的，妈妈会耐心地对你的。"琦琦和妈妈就这样重归于好了。

　　遇到孩子调皮不听话，许多父母会因为气愤而变得歇斯底里，甚至打骂孩子，给孩子稚嫩的身体和幼小的心灵带来伤害。其实，有时候孩子并没有错。他们是那么弱小，毫无反抗能力，无论是拼体力还是拼智力，他们都不是父母的对手。孩子不会无缘无故地哭闹，他们的哭闹总有一定的原因，当自己的一些要求不能被满足时，除了通过哭闹来发泄自己的不满，他们还能做什么呢？

　　因此，父母最好不要对孩子大吼大叫，否则一旦情绪失控，孩子受影响也会变得焦虑不安，或者针锋相对，这样只会使矛盾加剧，无益于问题的解决。正如一位名人说的那样"愤怒使人智商降低"。而明智的父母，在孩子哭闹时，知道这是孩子成长发育的必经阶段，能够抱以理解、宽容的态度，保持平和的心态，弄清孩子哭闹的原因，理性地解决问题。

给出空间，培养孩子的自主性

很多时候，孩子之所以不愿意执行父母制订的规则，是因为他是被强制着去执行的，毫无自主权和选择权。从这一点来看，父母在给孩子制订规则的时候，为了提高他们执行的自主性，可以跟他们商定一个范围，允许他们在这个范围内进行有限的选择。这样一来，孩子就会对做出的选择负责，执行力自然也会相对高一些了。

笑笑是个活泼好动的孩子，在家的时候经常跑来跑去，吃饭的时候也坐不住。

中秋节时，笑笑的外公和外婆过来和他们一家三口一起过节。外公外婆刚进门的时候，笑笑还算老实，没过儿分钟就开始"疯"了，拉着外公外婆到这儿去那儿，干这干那。外公外婆岁数大了，哪里经受得住？不一会儿就累得气喘吁吁的。

爸爸把笑笑一把抱住，问他："老师留的假期作业，你都做完了吗？"

"我早就做完了。老师留的作业都太简单了。"

"嘿，你口气还挺大，拿来给我检查一下。"笑笑从书包里掏出作业本递给爸爸，爸爸一检查，果然做完了。

"就算你作业都做完了，也不能缠着外公外婆，他们年纪大了，这么折腾，他们吃不消。你看你把他们给累的。外公外婆最疼你了，我相信你也很爱他们，对不对？"

"嗯！"笑笑听了，点点头回答道。

"那么，现在我建议你去看书，或者画画。对了，你喜欢的那本故事书我给你买回来了，放到你的书架上了，你去看看。"

"好哦，去看故事书喽。"笑笑边说边蹦蹦跳跳地朝书架跑去。

在这个案例中，笑笑爸爸没有强制要求孩子该怎么做，而是引导他去看书或者画画，然后顺势提醒笑笑，他喜欢的故事书已经给他买回来了。不得不说，笑笑爸爸的做法不存在胁迫和强制，所以没有引起笑笑的反感，反而让笑笑很乐意地去翻找故事书看了。

有些事情，孩子必须去做，比如完成作业等，除此之外，其他事情但凡可以让孩子选择的，都可以给他们提供几个不同的选项，让他们自己从中挑选一个。这样做的好处是，不管他们从中选择做什么，都能达到父母最初的目的。当然，在这里需要提醒父母，在为孩子提供选项的时候，至少要有两个，而且这两个选择，父母和孩子都能接受，并且不要忘了最后加上一句："到底要做什么，你自己来决定。"孩子一旦获得了自主感和权利感，就会很享受，并且会为自己的选择负责。

生活中并非总能如愿，如果父母提出选项，孩子根本不去选择，怎么办？

如果孩子不愿意接受父母的建议或提供的选项，而是提出自己的意见，想做点别的。这种情况下，如果父母认为他们的要求合理，不妨就顺势答应他们；如果他们的要求不合理，就告诉他们："这不是其中的选项，我不能接受，或者你再想一个我能接受的方式……"

美国著名非营利机构育儿资源主管克莱尔·勒纳表示，给孩子选择的机会，会让他们觉得自己有"权力"去控制局面。因此，他鼓励让 3 岁之内的孩子做些简单的选择，因为这样可以更加完美地培养他们的独立性。那么，具体应该怎么做呢？

打个比方，某天家人没有提前告诉你要带你去什么地方，等你上车之后才说明，你会如何？是否会有一种不被尊重的感觉？同样的道理，如果某件事情即将发生，提前告诉孩子，让他们有个心理准备，然后做出自己的选择。比如，父母有时要出门一趟，一定要告诉孩子：我们几点要出门，你要不要跟着一起去？如果你选择去的话，一定要在几点前换好衣服、准备好出门要用的东西……

在这方面，我自认为做得很好。

平时有事要出门，我会在第一时间告诉女儿，我或者丈夫会带她去哪里，做什么，或者去见哪些人，出门前需要做哪些准备，让女儿做到心中有数。事实证明，每次女儿都能够很好地配合我们，在规定的时间内收拾妥当。

每次寒暑假，如果我打算带着女儿回老家待一段时间，或者决定带她去旅游，我会把哪天出发，需要带什么东西，行程大概是几天等情况告诉她，让她根据自己的实际情况选择合适的出行时间和行程安排，并准备出行期间她自己可能用到的必需品等。与此同时，我还会跟她讨论出行期间需要注意的事项和必须遵守的规则，比如不能随便乱跑，有事一定要告诉我一声，不要随便相信陌生人等，并且询问她的意见，征得她的同意后，才会按照计划进行。

每个孩子都是一个独立的个体，不要因为他年龄小就忽视了他的感觉。提前将要发生的情况告诉他，让他心里有所准备，看起来只是一件不足为道的小事，实际却对培养他的责任意识和独立性大有裨益。

所谓恰当选择，顾名思义，就是孩子的选择一定是合适的，符合孩子自身的情况。

很多时候，父母给孩子提供的选择，都是孩子打心里不愿意接受的，比如，孩子想学画画，父母却给孩子报了音乐班；

孩子在书店看好了一本书，父母认为这本书不符合孩子的年龄，硬给孩子买了一本他不喜欢的书看；孩子在幼儿园本来很开心，父母却拉关系、托人联系了一所国际双语幼儿园，给孩子办了转园……类似强制孩子做出选择的事情不胜枚举。那么，到底什么样的选择才是恰当的呢？

五一过后，天气渐渐热了，一个星期天，妈妈带着茜茜去商场买夏天的衣服。一进商场的大门，发现不少童装的门店在搞活动，于是妈妈领着茜茜在各童装店逛。最后，妈妈在一家童装店相中了两款价位适中的裙子，然后她问茜茜觉得怎么样，喜不喜欢。茜茜说："妈妈，我喜欢西瓜红的这个裙子，你给我买这个吧。"然后，妈妈让售货员给这款西瓜红的裙子开了票，到收银台付了款之后，茜茜拎着妈妈给自己买的新裙子，高高兴兴地回家了。

眼看暑假就要到了，有一次，妈妈对茜茜说："我想了想，暑假时间长，除了每天固定做作业的时间，其他时间就是玩了。不如给你报一个辅导班，让你一边玩一边学点课外的东西。你觉得怎么样？"

茜茜想了想，回答道："嗯，可以。"顿了顿，茜茜问妈妈，"妈妈，我能选自己喜欢的辅导班吗？"

妈妈笑着回答说："当然可以啊，你喜欢什么咱们就报什么。"

"我喜欢画画，不如你给我报个美术班吧？"

"没问题。"妈妈摸摸茜茜的头，开心地说道。

暑假来临，妈妈带着茜茜去辅导班咨询。咨询老师说辅导班有美术课和沙画课，妈妈问茜茜更喜欢哪个。茜茜琢磨了一下，问咨询老师，沙画是什么？咨询老师详细地给茜茜解释。茜茜越听越有兴致，而且沙画课的学习时间跟自己做作业、找小朋友玩的时间都不冲突，于是，茜茜最终让妈妈给她报了沙画班。

看了上面的故事，身为父母的你有何感触呢？你是不是会借此反思自己在日常生活中是如何应对孩子的选择的？你是否总是把自己的意愿强加给孩子，让他们被动地接受呢？你有没有在给孩子做选择时，耐心听听他们内心的想法？如果你没有像茜茜妈那样，尊重孩子，让他们做出符合自身情况的恰当选择，那么就不要怪孩子不遵守规则，因为事实上这本就不被他们所接受。只有把父母的决定和孩子的决定融合起来，才能得到双方的理解，才能朝着同一个目标努力奋进。

赋予孩子权利，培养责任意识

尊重孩子，给孩子一定的权利，孩子的人格就会慢慢健全起来。比如，让孩子监督家庭成员对规则的实施情况，这样他们执行规则的积极性就会有所提高。

女儿上幼儿园的时候，有一次开家长会，关于如何赋予孩子权利的事，李老师给我们讲了这样一个故事：

小明是个特别调皮的孩子，平时上课捣乱，总是不听老师的话。下课就更淘气了，总是把擦鼻涕的纸随地乱扔，弄脏班级环境。其他小朋友多次向李老师反映这个问题，于是他便找机会跟小明进行了一次谈话。

"小明，擦鼻涕的纸要扔到垃圾桶里，老师有没有说过？"

"有。"

"那你为什么还要随地乱扔呢？班级是大家的，对不对？大家一起玩、一起吃饭，随地乱扔不仅破坏班级环境，还会给大家带来不便，以后不要这样了，好不好？"

"嗯。"

"其实，老师把你叫过来是想请你帮个忙，你愿意当咱们班的卫生检查员，每天监督大家保持好教室的卫生吗？"

"愿意！"小明笑嘻嘻地大声答应着。

从那天起，小明每次擦完鼻涕后都自觉把纸扔进垃圾桶，逐渐改掉了随手乱扔垃圾的习惯。与此同时，他也认真地督促别人。一次幼儿园评选"卫生先进班集体"，小明所在班集体还捧回了一面小红旗。

李老师把卫生检查员的职责交给了调皮的小明，不仅能提高他的责任意识，还能让他时刻注意保持自己的卫生。慢慢地，小明改掉了从前随手乱扔垃圾的坏习惯，还为班集体捧回来卫生先进的荣誉小红旗。可见，赋予孩子一定的权利，增强责任感，真的能很好地让他们接受和遵守规则。

如果孩子仅限于知道规则，父母又不给他们参与或者实践的机会，他们就无法将其转化成实际行动，所谓的规则也不过是"纸上谈兵"。要想让孩子把对这种规则的认识变成习惯，父母就需要赋予孩子一定的权利，让他们和小伙伴互相监督，一旦让他们觉得特别有意思，就会更加积极地参与，在这个过程中又会不断强化和提高他们遵守规则的意识。

家庭中，让孩子负责监督爸爸抽烟、监督妈妈吃零食；学校里，定期选举班长、课代表、各小组长等，都是父母和老师对孩子信任的一种体现，有了这种被信任、尊重的感觉，再赋予他们权利的时候，他们往往能够非常认真地去执行。所以说，在给孩子制订规则的时候，不妨同时赋予他们一定的权利，让规则的履行更加顺利。

赋予孩子某项权利的时候，父母切记：千万不能只是说说而已，一定要实实在在尊重并配合孩子行使权利、履行义务。做这件事情的前提就是要对孩子多一些信任，因为父母的信任会让孩子对权利的掌控更有信心。

浩轩正在上初二，性格温和，学习中等，爸爸妈妈没有对他提出过高的希望和要求，只盼着儿子能健健康康地长大。可是，初二下半学期，妈妈偶然发现浩轩居然学会了抽烟。那天儿子出去打篮球，妈妈出门办事，正好经过篮球场，看到一帮男孩子玩累了在球场上一边休息，一边抽烟。

为了让儿子改掉抽烟的坏毛病，妈妈郑重其事地找浩轩谈话，可是浩轩却说："别人都抽烟，为什么我不能？再说，我爸还抽呢。"他爸爸知道以后，表情严肃地向浩轩妈保证："为了儿子，我愿意戒烟，并愿意接受儿子的监督。"

于是，从此以后父子俩开始互相监督，一旦发现谁忍不住抽烟了，就会对他进行惩罚。相对来说，浩轩抽烟的时间比较短，戒起来很容易，但是浩轩爸抽烟时间太长了，烟瘾较大，有时候实在忍不住就偷偷地抽一根，还总被浩轩逮住，并按照约定，洗一个星期的碗。

要知道，很多男人宁愿给家人做饭，也不愿意干洗碗的活。浩轩爸因为抽烟被浩轩逮到两次，所以按规定要洗两个星期的碗，结果刚洗了一个星期，他就忍无可忍了，向儿子求饶，可浩轩不依，就连浩轩妈也站在浩轩这边。最后浩轩爸无奈，只得又洗了一个星期，并且之后再想抽烟的时候，一想到还要洗碗，就会尽量克制，渐渐地，终于把烟给戒了。

浩轩妈跟我说起这件事的时候，我忍不住笑了。可是笑归笑，我深切地感受到了父子俩在进行幽默的拉锯战时，浩轩的父母对浩轩的信任，以及他们对浩轩行使监督权的尊重。

像浩轩这样的大孩子，会希望得到父母的信任，如果发现自己的言行被父母质疑了，就会让他们缺少自信，严重的还会增加孩子的自卑感，认为自己做什么都不对，都是错的。

因此，在孩子犯错误的时候，先不要忙着批评孩子，我们可以转变一下思路，赋予孩子一些权利，让孩子在施行这些权利的同时，明白自己身上的错误，从而更好地帮助他们改正错误，遵守父母给他们定下的规矩。

第 5 章

心有大爱，才是大道

引导孩子做一个受人尊敬的人

如今这个时代，很多人崇拜金钱，总觉得只有那些手里有很多钱的人才算得上真正的成功。不少年轻人都秉持"经济基础决定上层建筑"的理念，拼命为拥有更多的财富而奔波。而当他们真的具备了一定经济实力的时候，却发现对眼前的世界迷茫了，不知道自己从哪里来，又将去向哪里。有一位事业有成的人曾经感慨道："曾经以为有了钱就能改变一切，但事实并非如此，总有一些事是你用多少钱都难以解决的，总有一些人是你花多少钱都难以得到的。越是走到事业的巅峰，心里就越是空虚；越是迷茫，就越觉得以前的努力都没有了意义。想找到一个懂自己的人实在是太难了，想从金钱的牢笼里走出来也太难了。尽管我现在拥有了别人眼中美好的一切，但我并不快乐，反而会羡慕那些拥有平凡快乐时光的人。如果可以重新来过，我绝对不会过现在这样的生活。"

看了这段话，或许为人父母的你会觉得这完全颠覆了自己的幸福观念，原本以为好的知识、能力会创造好的未来，有了经济基础就能找到幸福的人生，可事实真是这样吗？什么才是真正意义上的幸福呢？怎样的人生才真正是受到别人尊敬、爱戴的人生呢？

为了家中孩子的未来，我们应该现在就用心思考一下这个关于幸福与受人尊敬的问题。

关于幸福，不同的人有不同的定义，但至少我们要让孩子知道，被这个世界尊重的人什么时候都不会沦为欲望的奴隶。他们对人友善，心怀感恩，他们愿意把自己的正能量传递给更多的人，他们分享着别人的快乐，宽慰着别人的痛苦，他们努力地去关爱身边的每个人，把别人的事情当成自己的事。当别人快乐地告诉他已经实现了自己的愿望，他会衷心地为他们高兴，就像自己也实现了愿望一样。这种爱是无私的，是真挚的，假如你真正走进这些人的世界，你就会发现在他们的生命中没有痛苦，只有快乐和幸福，因为每一天他都在为抚平别人的不安，解决别人的困惑而努力。在他们的世界里，别人的事情永远要比自己的事情重要，而自己最重要的事情，往往也跟别人有关，这样的纯美心灵升华到了一定的高度后，他们忘记了自己，完全沉浸在了帮助别人的快乐中。这就是为什么他们赢得别人尊敬与爱戴的原因。

这样的人在这个世界上有很多，只不过我们从来没有注意到，以至于忽略了他们为这个世界无私努力的价值。我们假如真的希望孩子日后能够得到真正意义上的幸福，那么从现在开始就要让孩子明白，在这个世界上什么样的人生才是真正幸福的人生，成为什么样的人才是最幸福的人、最受别人尊敬的人。

这种精神意识的引导是潜移默化的，它有着一种无形渗透的力量，一个细节，一句很有教育意义的话，都对孩子的未来有着非比寻常的影响。例如，爸爸妈妈可以从小培养孩子那种与人分享后的喜悦，拿出自己最喜欢的东西，和身边的小朋友一起感受分享中的美好和快乐。这会让他们意识到，原来美好是可以传递和分享的，将这种快乐传递到更广阔的地方，快乐的正能量就会不断地凝聚，而内心也会因此收获更多的幸福感。再比如，爸爸妈妈可以培养孩子关爱别人的习惯，用心引导他们去帮助别人，小到在别人找不到文具盒的时候递上一支铅笔，大到拿出压岁钱去实现一个山区小朋友看书的愿望，这一切都会带给他们快乐的感觉。这让他们意识到，原来帮助别人是那么快乐的事情，原来雪中送炭可以让对方那么欢喜雀跃。

我们要为孩子做的事情还有很多。对于这颗单纯稚嫩的心灵，我们所能给予他的不仅仅是财富、知识和美好的生活。我们还应该更好地帮助他们建立自己的心灵家园，让他们知道自己来到这个世界不仅仅是为了享受父母怀抱中的那一点点美好，更应该用自己无私的爱去带给别人更多的快乐。

真正的幸福，是在不断付出中体味得到，在不断给予中感受幸福，当这种思维意识在孩子的心中成为习惯，他就会明白：成为这个世界上受人尊敬的人很简单——尊敬爱戴身边的每一个生命，他们就会把同样的幸福传递给你。

懂得分享的孩子才懂得幸福

"我的东西不许别人动，我的东西不能分给别人吃。"相信不少父母都听过类似的话，而且也总爱说"现在的孩子真小气，真自私"。

对小孩子来说，特别是两岁左右的孩子，说他小气未免有些过分。事实上，孩子有好东西不愿分给别人，不愿与人分享，不是因为孩子自私，而是因为孩子不懂得分享。

有的孩子宁愿自己拿着玩具不玩，也不愿把它让给别的小朋友玩；还有些孩子，你刚给了他一些零食，可等你要他分你一些时，这些孩子却会说"不"。这些孩子之所以会这样，就是因为在生活中他们养成了好东西自己独享的意识，或者养成了乐于接受别人给的东西，却不愿将自己的东西让给别人的行为习惯。还有一些孩子不懂分享，是由于他们需要获得一种归属感、一种安全感，他们希望能够迅速有效地融入自己周围的环境，并试图用各种方法使自己在一定范围内获得一席之地，其中就包括"占有"一些物品。

当然，孩子如果特别喜欢某个玩具，或某种美食，也是不愿与他人分享的。

可见，孩子不愿与他人分享的原因是多种多样的，不管是出于哪种原因，都是可以理解的。但是，孩子总要成长，并且走向社会，就不得不提高与人交往的能力，学会互助、合作和分享。因此，父母必须帮助孩子从小学会"与人分享"，掌握分享、关怀、协调冲突等与人和睦相处的能力，远离以自我为中心的心理状态，促进孩子社会性的发展，从而尽快完成社会化的过程，这比学习才艺更为重要。

而要做到这一点，就要从生活中的小事做起。如下班途中，父母可以买一些苹果回家，在吃完晚饭后，父母可让孩子分给家人吃。当然，也可以有意识地让孩子在母亲节时为妈妈制作一份礼物，为妈妈做一件事等。也可以在老人过生日时让孩子给老人制作生日贺卡。

如果家里的孩子比较小气，父母就要规定，有好东西必须分享，并且可以建立奖罚制度。如果孩子肯分给你，哪怕只有一点点，也要进行奖励，既可口头奖励："有了好东西愿意与人分享，你真棒。"也叫给孩子奖励一朵小红花，如果孩子得到十朵以上的小红花，可进行物质奖励。反之，如果孩子表现不好，不乐于与人分享，就要进行惩罚。这样，慢慢地孩子就会乐于分享了。

在给孩子定分享规矩时，父母可以邀请邻居小朋友一起进行这种训练：每隔一段时间，就让小朋友们聚在一起，每人拿出自己喜欢的玩具和大家交换着玩，或是拿出自己的零食与大家交换。这样，孩子就会慢慢体会到分享的好处和快乐，也就乐于分享了。

父母可以邀请邻居小朋友一起进行：互相交换玩具与零食。不过，这样做之前，父母要提前告知其他孩子游戏规则：如果自己的孩子不愿分享玩具，大家就不要跟他玩，而且要批评他"小气"。这样，时间一长，孩子自然也就学会与他人分享了。

在日常生活中，父母可与孩子玩一些分享的游戏，给孩子提供玩具车和若干大小不一的苹果。在游戏中，父母可扮演客人，孩子可扮演主人。父母可坐在一边不动，而孩子呢，作为主人，要给客人分玩具和苹果。

做游戏时，父母可多提建议，让孩子学会把玩具车送给客人玩，苹果留给自己吃；或把苹果送给客人吃，玩具留给自己玩。如果孩子与人分享，父母要对孩子说"谢谢"，或夸奖孩子"真棒"，这样，就能让孩子充分体会到分享的快乐，从而乐于坚守与他人分享的规矩。

让孩子学会站在他人的立场考虑问题，感受他人的愿望、情感，这样，孩子才能体会到与人分享的重要性。

如果你的孩子平时总护着玩具与美食，不爱与他人分享，父母可试着让孩子站在他人的立场考虑问题，感受他人的愿望、情感，从而逐步形成积极的、正确的内心体验。具体可通过角色扮演、具体事例、故事描述和讨论等方式，让孩子学会分享，让他懂得与人分享的意义。

奉献原来如此快乐

回想我们小时候在学校里，老师总是会教育我们："你们是祖国的花朵，长大了要回馈社会，奉献青春，为这个世界造福。"或许当时在我们的思想里并不知道社会是什么，青春是什么，世界又是什么，但有一点却让我们记忆深刻——我们是要为这一切努力奉献，奉献是很光荣的，很快乐的。

所以从那个时候起，我们知道努力学习是为了未来的奉献，我们知道锻炼身体是为了明天结出更多奉献的果实。我们开始一点点为捐献希望工程积攒下本可以买冰棍的零花钱，我们会偷偷地帮助邻居老奶奶倒垃圾却从来不会让她知道是谁。从那时起，我们明白做好事不留名是件很潇洒的事情，我们一边唱着"学习雷锋好榜样"，一边把这个偶像记在了心里，而这一切都成为我们少年时代不可磨灭的记忆。

现在经济发展和社会进步速度惊人。可是也暴露出一些令人担忧的问题，有些父母明显地感觉到，现在的孩子比自己小时候自私了，少了奉献精神。一事当前，首先想到的是自己会不会受损失，而不去想这件事会不会给更多人带来影响。假如这种现象继续下去，孩子会成为利己主义者，享受不到奉献的快乐，更感受不到为别人付出的价值。

所以为了孩子能有一个更美好的未来，我们要尽早将孩子这种不利于自我发展的错误意识纠正过来。

一位聪明父亲的做法很值得我们借鉴：

小山今年 5 岁，是家中唯一的男孩儿，生活条件优越，爸爸妈妈爱，奶奶姥姥疼，平时家里所有成员都宠着他。这让小山感觉生活得很惬意，但同时他也养成了自私自利的坏习惯。

看到儿子的表现爸爸心里开始着急了，他深深地明白假如这个问题得不到及时解决，势必对儿子的未来造成不好的影响。于是他决定为儿子创造一种奉献的环境，引导他体会奉献的快乐。

一天小山从幼儿园回来，看见爸爸在整理他屋子里的玩具，感到很奇怪。

小山："爸爸，你在干什么？动我玩具干什么？"

爸爸："哦，我跟玩具沟通了一下，它说要为小山多找几个好朋友。"

小山："啊？玩具会说话？我怎么这么长时间都没发现啊？"

爸爸："因为小山每次都自己玩儿啊！玩具说：'自己

玩儿感受不到分享的快乐，交不到知心朋友。所以我们要作为小山的使者帮助他找朋友。明天有一个希望工程义工联谊会，到时候小山会带我们见很多没有玩具玩儿的偏远山区的小朋友，并拿出我们和这些小朋友一起玩儿，最后还会把我们送给他们。'"

小山："不……这些玩具我都特别喜欢，我不想让它们走。"小山着急得快哭出来了。

爸爸："别急，明天我们就带几个玩具小使者去，送不送玩具到时候你自己决定。"

第二天，小山跟着爸爸去了义工联谊会会场。

联谊会上，小山看到很多小朋友都拿着自己心爱的玩具，在父母的陪伴下翘首期待着什么。终于一批山区小朋友进入他们的视野。山区小朋友朴素、单纯，眼中也同样充满了期待。

主办人员一番热情洋溢的讲话之后，城里小朋友便涌向山区小朋友，与他们交流、玩耍，并送上了很多自己喜欢的书和玩具。这种热烈的场面很快感染了小山，他也一点点地往跟前凑。最终，小山认识了一个山区的小男孩儿，这个男孩儿很阳光也很会玩儿，于是小山和这个男孩儿拿着玩具快乐地玩了起来，一边玩儿还一边发明了很多新的玩法。

时间一分一秒地过去，联谊会马上就要结束了，山区小朋友要回家了。听到好朋友要走了，小山一时没忍住，哇的一下哭了起来。他握着山区小伙伴的手说："你别走了，你走了还会记得我吗？"山区小朋友也很难过："你放心吧，我会好好学习的，等我考到北京来，我们就能天天在一起玩儿了。"

听到这话，小山心里才慢慢平静下来。他把自己带来的玩具全部都送给了这个山区小兄弟，并嘱咐他一定要记得自己。静静站在一旁的爸爸看在眼里，喜在心里。

之后小山和山区的小兄弟经常通信，不会写的字就用汉语拼音代替。小山还定期拿出部分零花钱资助这个山区小朋友，每次去汇款时都会边走边问爸爸："爸爸，有了这笔钱，我那个好朋友是不是就会很快考到北京上学了？"

后来小山很乐意跟着爸爸参加各种义工活动，因此也认识了很多朋友。他会和朋友一起陪着卧病在床的阿姨聊天，给盲人小孩儿讲故事，帮孤寡老人打扫房间，时间一长，小山变得越来越有爱心了。他说自己找到了很多志同道合的朋友，每天都在努力做好事，那种感觉别提多开心了。

看了上面的例子，相信你也一定有了引导孩子奉献爱心的好方法。其实孩子是很单纯的，很容易受到外界氛围的影响，给他一个良好的氛围，让付出爱心的喜悦围绕着他，他慢慢就会意识到原来这世界上有一种伟大的快乐叫作奉献，奉献是件非常幸福美好的事情。

儿子，你想得到就得先付出

"妈妈，今天小斌趁我不注意时推我，吓了我一跳。"

"他为什么吓唬你啊？"

"他说我那天在他写作业的时候，一下子闪到他旁边吓到他了。这么点小事他都报复，至于吗？"

看着这样的对话，或许为人父母的你觉得这无非是孩子之间的打打闹闹，没两天就好了，不用太放在心上。可假如你多花些心思，用心观察就会发现，里面还是有一些道理需要我们给孩子讲清楚的。

我们明白，这个世界有很多事情是相对的，没有人有这个义务无私地为你付出而不求任何回报。真正的友谊是存续在彼此的付出、关照上的。所以假如你想拥有更多关心你、帮助你的朋友，就必须明白一个道理：你想让别人怎么对待你，就得首先去以这种方式对待别人。

　　试想一下，假如一个人心里只有自己，不去与别人分享，那别人凭什么要把自己得到的分享给你？如果一个人明明能伸出援助之手却对他人的困难视而不见，别人在你遇到困难的时候凭什么就要帮助你？任何交情都是建立在彼此支持、互相帮助的基础上的，我们应该告诉孩子，不要一味地去要求别人应该怎么做，而是要先用心观察自己，看看自己做的每一件事情是不是存在问题？是不是给对方带来了伤害？是不是应该在未来加以改进？如果一切都没问题，那再总结经验，看看自己是不是对对方付出得还不够，以至于他没有感受到自己的真诚。

　　人总是在这样不断观察自我、完善自我中进步的。我们应该知道，世界是一个彼此互动的大环境，想要与别人在这样的环境中和谐共存，建立友谊，首先最重要的一点就是要学会相互关心、相互照顾，为彼此创造幸福和价值，一起快乐地行走在这条友谊之路上。

　　说到这里，我忽然想起了一则寓言故事：

　　有一个男孩儿在梦中遇见了上帝，他很想让上帝带他到天堂和地狱旅游一番，于是上帝先带着男孩儿去了地狱，男孩儿看到桌子上摆着丰富的美食和酒水，可那些坐在桌边的人却一个个饿得面黄肌瘦，都像饿死鬼一样，每天非常痛苦。原来每个人手里都拿着一把一米长的勺子，尽管勺子里装满了食物，但怎么也放不到自己的嘴里。他们觉得既然自己吃不到，别人也别想得到，所以所有人都这么坐着，直到体力不支被饿死。

这个男孩又来到了天堂。天堂里的人吃的食物跟地狱没什么区别，不同的是每个人拿着长的勺子不断地把美食和酒水递给彼此，那种氛围就感觉是在享受一个隆重的年度聚会。每个人都红光满面、精神焕发。

男孩儿问上帝怎么回事，上帝说："在地狱我告诉他们这些食物只能跟别人分享，却到不了自己嘴里，所以他们为此而忧郁痛苦；在天堂我告诉他们的话和地狱一样，但他们却彼此传递着快乐和食物，每天都生活得非常幸福。"

男孩儿听了这话，悟透了生命的真理，他感慨道："原来天堂般的人生境界就是人们不断地为彼此付出。"

不可否认，这个世界有它现实的一面，但不管是怎样的灵魂，都不会排斥别人对他的无私关怀和爱。不管在什么时候，用心关爱他人、帮助他人的人总是能为自己赢得更多的友谊和尊重。让孩子从小养成关爱他人的好习惯，把别人的事情当成自己的事情去做，努力学会换位思考，站在别人的角度看待问题，就可以给予对方最真挚的包容和理解。

这是一个人获得美好生活的金钥匙，只要我们能够意识到它，及时转变自己的思想，就能打开那道幸福的大门。而这恰恰就是我们这些为人父母的最应该传递给孩子的人生哲理，它将成为一笔无形的财富，陪伴孩子不断成长，影响他们未来的人生。而那种从彼此付出中得到的幸福感必将永远陪伴着他们。

关爱弱小，培养爱心

一次我去公园游玩儿，宜人的风光让人顿时心情舒畅。坐在长凳上，我忽然看到附近有几个男孩儿在鼓捣着什么，一边弄一边发出诡异的笑声。我过去一看，原来几个男孩儿抓住了几只螳螂，正在那里摆弄着这些小昆虫。我仔细观察那些螳螂，其中有几只已经快要当妈妈了，肚子大大的，惊恐地竖起自己的"两把大刀"，不知道该怎么逃脱。

其中一个男孩儿用小棍儿戳螳螂的肚子，用力很大，螳螂的肚子很快被戳了一个坑，另一个男孩拖着螳螂的两个臂膀，硬生生地给揪了下来，嘴里还说着："举啊，让你再举。"几番玩乐以后，小男孩儿把受伤的螳螂放在地上一踩，这几只可怜的小螳螂就成了肉饼。这一幕真让人触目惊心。几分钟的时间，我还来不及告诫，几个生命就这样被他们玩乐着处理掉了。

回家以后，这一幕在我脑海里怎么也挥之不去，想着那螳螂的感觉，明明自己待得好好的，不知为什么就大祸临头，几个人你捅一下，他拉一把的，把自己的身体分了家。这不正像是电影里，一个孩子很想跑出敌人的埋伏，却被敌人围成一圈，有的踢，有的打，最后还对着他放了好几枪，那种凄惨的感觉，与今天看到的螳螂又有什么区别？

现在很多父母都特别注意培养孩子的爱心，有的带孩子参加义工，有的在家中养了小动物让孩子经常与它和谐相处，但很多时候孩子的举动还是不尽如人意。他们或许在家是个乖宝宝，也和家里的小动物和谐相处，但玩儿到兴头儿上时，就忘记了其他小生命也是一条命。

曾经就爆出这样一则新闻，一位知名高校的高才生，知识文化水平都相当了得，竟然到动物园里拿硫酸喂狗熊，结果几只狗熊都因此出现了问题，有的还失去了生命。问及原因，对方不屑一顾地回答："只是想看看狗熊喝了硫酸以后的反应。"试想一下假如这样的人今后步入社会，会是什么样子？一个对生命不尊重的人，今后谁还会尊重你呢？这就是一个人成长过程中的教育缺失，只知道自己生命的宝贵，却忘记了其他生灵也渴望活着。

所以我们应该从小让孩子知道，生命是平等的，人也是自然界中普通的一员，不应该以自己的优越去残害其他的动物；相反我们应该爱惜它们，把它们看成是自己的朋友，和它们友好相处。在这件事上，一个妈妈就做得相当智慧：

一天妈妈带小陆到公园玩儿，走到湖边的时候，他们看见一只小燕子飞着飞着不知怎么突然栽到了水里，浑身湿透的它扑扇着翅膀，好不容易扑腾到了岸边。小陆连忙上去，把小燕子捡了起来。旁边的人看见了高兴地说："嘿！这回有得玩儿了，回去找个笼子，训练它，让它天天陪着你玩儿吧。"听了这话，小陆满是欣喜。

看到这情形，妈妈觉得不对劲，连忙把小陆叫了过来，她一边拿出纸巾和小陆一起帮小燕子擦身体，一边对小陆说："小陆，你知道燕子的生活习性吗？"

小陆："不知道。"

妈妈："燕子到了快天冷的时候就会飞往南方，要不然它们会被冻死。你是想让小燕子陪着你，然后冻死呢，还是希望它能自由自在，飞在天空中呢？"

小陆："我也不知道，就是觉得想跟它多待一会儿。"

妈妈："多待一会儿可以，我们把小燕子身上的水擦掉，然后把它托在手里，让太阳晾干它的翅膀，等它想飞的时候，就让它自由地飞。在这过程中你可以跟它说说话，这将是一段难忘的回忆。"

听了妈妈的话，小陆点了点头。于是他和妈妈擦干了小燕子身上的水，捧着小燕子在公园里走。他边走边和小燕子聊天，不一会儿，小燕子扑扇了几下翅膀，然后腾空而起，飞上了蓝天。

小陆跟着跑了几步，一边跑一边摇着双手喊道："小燕子再见，小燕子再见！"

看了上面的例子，对比前面螳螂的遭遇，这只小燕子是不是很幸运呢？其实男孩儿还小，内心是单纯的，只要我们做家长的能顺势引导，一个善念就可以影响他的一生。做人一定要做一个善良的人；培养爱心，就要从关爱身边的弱小生命入手。

与人为善，待人真诚

终于放学了，小杰一下子奔向在一旁等待的妈妈，高兴地说："妈妈，我被选上学校足球队啦。"

妈妈："是吗？那是件好事儿啊。"

小杰："现在替补队员还有一个名额，小周想去，他让我教他练球。"

妈妈："那你同意了吗？"

小杰："勉强应付了一下，谁会帮他啊，踢得那么烂，我们班男生都不喜欢他。"

妈妈："那你怎么能说话不算数呢？"

小杰："到时候再说呗！你不知道，当时我一点头，他那兴奋的样子，真傻，傻到家了。"

这个生活片段或许对很多父母来说并不陌生，学校里发生的事儿，很多孩子都会有意无意地和父母念叨。面对小杰的做法，很多父母并没有足够重视，少数家长还会觉得自己的孩子很精明，走到社会上也不会吃亏。但这恰恰是他们未来的一个重大隐患，一个不愿付出真心与别人交流的人，是不会赢得众人拥护的。再者，为人父母的我们如果付出了自己的全部，却没有得到孩子的真心，会不会心中也很失落、伤感呢？一个细小的苗头，时间长了会出现各种各样的病变。假如孩子养成了不用真心对人的习惯，那势必会让接触到他的人很伤心，假如他一味用这种方法自作聪明地伤害别人，总有一天自己会在人生旅途中饱尝痛苦，这是一种必然现象。所以当明智的父母听到、看到孩子正在用不当的方式处理人与人的关系时，适时地介入和纠正是很有必要的。

现在很多男孩子说话办事都有些出格，根本就不懂得尊重他人，甚至会伤害他人。一个老师曾经说过这样一件事：

一天，我的一个男学生哭着跑到办公室，说他再也不想上学了。我问他怎么了，他一边抹眼泪，一边说了这样一件事：

"早上起来阿凌把我叫到一边，说下午体育课所有男孩儿会集体玩儿捉迷藏，他们想让阿凌蒙住眼睛来摸，但是他最近身体不好，要我代替他，要不然人家就没法玩儿了。我看他可怜，而且当时对我那么好，就同意了。结果体育课上，他们把我的眼睛紧紧地蒙了起来，转了我好多圈后，把我悄悄推到一个地方就跑开了，还告诉我他们藏好了会告诉我，没有人答应不能轻易解开手帕。结果我等了好长时间，身边一点声音也没有，我也不知道自己在哪里。就这样，我傻傻地站了足足一堂课，等我着急地扒开手帕的时候，发现自己在黑黑的锅炉房旁边，四周一个人也没有。我害怕地一溜小跑回到教室，一推开门，所有男同学都起来起哄，说我傻，说我笨，起哄最凶的就是阿凌。我心里难过极了，我是拿他当朋友的，他却这么对待我？现在所有男生都说我脑子有病，我以后怎么在班里待啊，我不想上学了。"

听了这个学生的遭遇，我马上找到了阿凌，并在班上严肃地批评了那些跟着起哄的男同学，并要求他们挨个儿向受伤的男孩子道歉。最后我教育他们说："这个世界上，最难得的就是一颗真心，假如别人把真心给了你，一定要好好珍惜，因为那意味着他们对你百分之百的信任，百分之百的友好。如果这个时候你伤害了它，很可能永远都无法再得到它。而且总有一天你会为自己所做的一切后悔，并得到应有的惩罚。"

看了这个例子后，我们不妨从两个角度来思考问题，假如家中的男孩儿是那个不拿真心当回事儿的孩子，我们会怎样？假如家中男孩儿是被欺骗的那一个，我们又会怎样？不可否认，这个世界有险恶的一面，但我们不应该让孩子的内心充斥这么多复杂的东西。

　　老师说得很好，这个世界上最宝贵的就是一颗真心，让孩子保存好这份闪亮的善良，让他们用最美好的心灵对待他人，让他们知道与人为善是多么重要。这是人与人之间一个"爱"字的最佳诠释。

谦虚谨慎，人见人爱

假如你翻开古代的一些名人家训，其中最清晰的一个要求，就是希望自己的后世子孙能够谦逊有礼。这么做不但可以广结善缘，最主要的一点是自我修行，这个世界上喜欢站在优越顶峰的人很多，你不争，却表现出谦逊真诚的一面，反而可以避免很多不必要的麻烦，这就是老祖宗的经验，也是父母早应该让孩子明白的道理。

现如今很多男孩子自小就很好强，特别希望能成为王者，成为英雄，再加上作为独生子女的优越感，面对其他的小朋友总是想让自己表现得与众不同，一副高高在上的样子。时间长了，我们就会发现，这样的男孩儿人缘会变得越来越差，不但小朋友不喜欢和他玩儿了，很多家长看到他也会带着自己的孩子到别的地方玩儿，原因很简单，这样的孩子让人心里不舒服。

这个世界人人平等，尤其是孩子之间，明明是一场游戏，凭什么你去要求别人、命令别人呢？凭什么自己的孩子就可以按照心性行事，而换了别人就要遭受你的指责和批评呢？即便是成年人，我们也对那种爱给别人上课，爱对别人吆五喝六的人讨厌得不行，假如看见自己的孩子还那么小，就被别的孩子支使来支使去，心里怎能不憋气呢？有时看见那些霸道的男孩儿，真的想去为自己的孩子撑腰，恨不得过去问问他："你妈妈就是这么教育你对待其他小朋友的吗？你现在有什么资格对别人家的孩子吆五喝六。能玩儿就好好玩儿，不能玩儿我们找别人玩儿去。"

　　说到这儿，不知道有没有讲到爸爸妈妈的心里去。做父母的心愿其实很简单，就是能让自己家的孩子快乐成长，但成长的道路上肯定不止他一个人，他需要交到很多年龄相仿的好朋友，一起谈论他们感兴趣的话题。或许我们决定不了别人家孩子的行为，但我们绝对可以引导好自己家的孩子。从小教会他们谦逊的重要，让他们感悟到真诚待人的可贵，必然会对他们今后的人生大有帮助。好缘分是要通过真诚的心才能留住的，再冰冷的心也有感知真诚的能力，再高傲的人也不会拒绝谦逊的朋友。我们只有教会孩子谦逊和真诚，在他的人生旅程中就不会因为缺少朋友缺少帮助而烦恼。

　　我们应该让孩子明白，那种高高在上无视一切的人是可悲的，真正能从生活中找到快乐的人，都很谦和。即便一件事情自己已经做得很好，却丝毫不骄傲，因为他知道这个世界上总有一些人做得比自己还出色，而他们仍然很谦卑。我们应该让孩子知道，真诚是打开对方心门的金钥匙，不管对方如何作为，自己秉持的都应该是一颗真诚的心，只要问心无愧，就会内心坦荡。谦虚真诚的内心，可以让孩子对自己所做的事情更加专注，帮助他们摒弃内心不良的欲望，让他们的情绪淡定平和，让他们做起事来得心应手，广交朋友。

没错，谦逊真诚是一种心智的磨炼，在这种磨炼中，孩子会一点点地磨平高傲的棱角，用平和的心态迎接人生的每一天。我们应该告诉孩子，永远让别人觉得比自己优越，是一种有智慧的表现；永远让别人体会到自己的真诚，是一笔最宝贵的财富；不让别人感觉自己高高在上，不去做什么霸王，英雄也可以很谦卑。